Anton Ochsenkühn

Geld anlegen aber richtig!

Cleverer Vermögensaufbau durch sichere Anlagestrategien

amac
BUCH VERLAG

ISBN 978-3-95431-060-9

Hergestellt in Deutschland

amac-buch Verlag
Erlenweg 6
D-86573 Obergriesbach
E-Mail info@amac-buch.de
Internet http://www.amac-buch.de
Telefon +49(0) 82 51/82 71 37
Telefax +49(0) 82 51/82 71 38

Dieses Buch widme ich meinen Eltern, die mich in Sparsamkeit erzogen haben und mich gelehrt haben, mit Fleiß und Disziplin an meinen Zielen zu arbeiten. Zudem haben sie mir beigebracht, dass es wichtig ist, ehrlich und bescheiden zu sein und zu bleiben.

Und ich widme dieses Buch meiner Frau Simone,
mit der ich das Leben lebe, das wir uns erträumen und ausleben –
und das immer wieder aufs Neue (leben-atmen.com).

Inhaltsverzeichnis

Vorwort

„Nein, nicht noch ein Buch, das sich um das Thema Geld kümmert!“, werden Sie sich jetzt sagen. Vielleicht geht es Ihnen aber so wie mir: Sie haben bereits eine Fülle von Büchern rund um das Thema Geld studiert und sind trotzdem nicht wirklich in dieser Angelegenheit vorangekommen.

In meinem Bücherregal stapeln sich mittlerweile ca. 30 Bücher, die sich mit Geld, Geldvermehrung oder Finanzprodukten beschäftigen. Doch um ganz ehrlich zu sein: Viele Bücher haben meine Erwartungen nicht erfüllt. Die Autoren und Verlage sind teils sehr kreativ, was die Namensfindung der Geldbücher angeht: „Geld anlegen leicht gemacht“, „So kommen Sie zu Reichtum“ oder „In zehn Jahren die erste Million“ sind Beispiele für Buchtitel in diesem Segment.

Was so zum Thema Geldanlage im Regal lag ...

Tatsache ist aber: Obwohl ich Tausende Seiten diverser Autoren studiert habe, war ich in den ersten Jahren meiner Geldanlage nicht besonders erfolgreich. Und viele der Bücher haben mir nicht wirklich weitergeholfen, einen neuen oder anderen Weg einzuschlagen, der Erfolg versprechend sein würde.

Vielleicht ist es aber auch so, dass viele Publikationen ihr Zielpublikum nicht im Fokus haben: Menschen wie mich, die weder eine Banklehre gemacht noch BWL oder VWL studiert haben. Die Themen Finanzen, Geldmärkte und Marktwirtschaft wurden und werden in technischen Studiengängen, wie ich sie besuchte, in keiner Weise angesprochen. Deswegen fehlte mir bisweilen auch das Vokabular, um die eine oder andere Anregung in der Literatur für mich nutzen zu können. Ich habe mich also in den letzten 30 Jahren mehr oder weniger mit eigenem Engagement hemdsärmelig durch diverse Geldanlagen geackert.

Durch praktische Erfahrung wird man klug

Ja, ich liebe Zahlen. Bereits als Zwölfjähriger hatte ich eine Tabelle erstellt, um zu erkennen, wie sich im elterlichen Haus die Ein- und Ausgaben verhielten. Mit sechzehn Jahren erwarb ich die ersten Geldanlagen. Das Geld dafür hatte ich mir von meinen Eltern geliehen. Bundesschatzbriefe und Bundesobligationen waren damals höchst lukrativ. Man bekam ungefähr 7 % Zinsen pro Jahr, und nach etlichen Jahren erhielt ich das eingezahlte Kapital völlig risikofrei wieder zurück – und den Zins oben drauf! Seitdem fasziniert mich die Geldanlage bzw. das Geld an sich.

Die nächste Stufe erklomm ich noch im Teenager-Alter, als ich das erste Mal Geld an der Deutschen Börse anlegte. Und einige Jahre später, 1991, traute ich mich endlich, Apple-Aktien an der New York Stock Exchange zu kaufen.

Ich habe also vor über 30 Jahren begonnen, mich selbst um mein Geld zu kümmern, aber – und das sei hier auch erwähnt – ich habe unzählige Makler,

Experten, Berater etc. gefragt und bezahlt, die mir „helfen" sollten, mein Geld noch professioneller und effektiver zu vermehren.

Unglaublich, aber wahr: Die allermeisten Ratschläge dieser „Experten" haben sich mittel- oder langfristig als Flops herausgestellt. Am besten hat in der Tat das funktioniert, was ich selbst in die Hand genommen habe. So war und bin ich mir selbst – ohne es zu wissen oder an mich zu glauben – im Nachhinein gesehen mein bester Berater in Sachen Geldanlage geworden.

Meine erste größere Geldanlage tätigte ich einige Zeit vor dem 19. Oktober 1987: Nach abgeschlossener Berufsausbildung hatte ich ein wenig Geld auf die Seite gelegt. Kurz bevor es darum ging, mein Physikstudium anzutreten, zahlte ich 6.000 DM in drei Investmentfonds der Firma Union Investment ein, schön portioniert in drei Anteile à 2.000 DM. Und dann, exakt am Montag dem 19. Oktober 1987, dem legendären schwarzen Montag, wurden aus 6.000 DM binnen Tagen nur noch knappe 4.000 DM! Mit knapp 30 % Verlust ging der Börsencrash in die Geschichtsbücher ein – aber an mir letztendlich vorüber.

Es trug sich nämlich so zu, dass ich zum besagten Zeitpunkt in München im Hörsaal saß und einer Vorlesung lauschte. 1987 gab es noch kein Internet für jedermann. Erst mit einem Tag Verspätung bekam ich abends vor dem Fernseher mit, dass der Börsencrash vom Vortag unglaublich viel Vermögen vernichtet hatte. Da war es zum Handeln natürlich zu spät. Im Nachhinein hat sich dies aber als Glücksfall herausgestellt, denn das damals angelegte Geld erholte sich binnen kurzer Zeit, und ich konnte es etwa 12 Jahre später mit einem saftigen Gewinn verkaufen. Aus den angelegten 6.000 DM wurden bis dahin etwa 16.000 DM.

Was habe ich daraus gelernt? Es ist nicht sinnvoll, bei derartig turbulenten Situationen sofort zu reagieren, denn eine rasche Bewegung nach unten wird meist durch eine ebenso schnelle Aufwärtsbewegung wieder nivelliert. Hektisches, kurzfristiges oder gar kopfloses Handeln wäre hier wirklich sinnlos gewesen. Börsianer sprechen davon, nicht in ein fallendes Messer zu greifen.

Das ist eine Prämisse, die ich Ihnen auch auf den folgenden Buchseiten empfehlen werde: Treffen Sie Ihre Anlageentscheidungen grundsätzlich langfristig, ignorieren Sie ganz bewusst Modetrends, und lassen Sie sich von Ihrem eigenen Bauchgefühl leiten. Mittlerweile verzichte ich persönlich komplett auf irgendwelche Berater oder Makler in Sachen Geldanlage und organisiere mein Depot selbst.

Und die Berater?

Vielleicht kennen Sie auch folgende Situation: Ein Vermögensberater kommt zu Ihnen ins Haus. Er wurde vielleicht über Ihren Bekanntenkreis auf Sie aufmerksam und hat nun ein „unschlagbar gutes Produkt" in seinem Koffer: „20 Prozent pro Jahr Rendite sind kein Problem, ohne Risiko!" Er wird es Ihnen auf vielfältige Weise schmackhaft machen, und glauben Sie mir: Er wird es verstehen, Sie von dieser Geldanlage zu überzeugen, denn sein Beruf ist der Vertrieb!

Lassen Sie mich an dieser Stelle erwähnen, dass beispielsweise der deutsche Aktienmarkt (DAX) im Schnitt je nach betrachtetem Zeitraum mit etwa 7 bis 8 % pro Jahr wächst. Wenn Ihnen nun also jemand eine Anlage anträgt, die jährlich 15, 20, 25 % erzielen soll, sollten Sie skeptisch werden. Wenn eine Rendite aber weniger als 7 % pro Jahr bringt, sollten Sie ebenfalls stutzig reagieren.

Bisweilen ist es auch kritisch, wenn der Anlageerfolg nicht klar auf der Hand liegt und nicht mal eben mit einem Taschenrechner nachgerechnet werden kann. Der Klassiker in diesem Bereich ist die Geldanlage in Immobilien. Hier ist es beim Kauf und einem späteren Verkauf derselben meist nur sehr schwer möglich, eine tatsächliche Rendite dieser wieder veräußerten Immobilie auszurechnen – zu viele Faktoren spielen hinein (das abgezahlte Darlehen, steuerliche Aspekte, Mietausfallzeiten, angefallene Renovierungskosten und vieles mehr), sodass eine definitive Renditeberechnung extrem aufwendig ist.

Und auch das habe ich erlebt: Es gibt Anlageprodukte, bei denen Ihnen der Emittent nach Ablauf der Zeit eine Rendite präsentiert, die auf den ersten Blick ganz appetitlich aussieht, aber auf den zweiten Blick das Versprechen nicht gehalten hat. So trug es sich zu, dass ich sechzehn Jahre lang eine Kapitallebensversicherung (eines renommierten Unternehmens) ansparte. Und am Ende dieser Laufzeit war die tatsächliche Rendite (ca. 2,5 %) dreimal niedriger als die von der Firma einst benannte vorausberechnete Rendite (ca. 7 %). Der Grund hierfür waren Gebühren, Provisionen und andere Dinge, die flugs und elegant versteckt innerhalb des Anlageprodukts abgezogen wurden und so nicht mehr für die Wertsteigerung zur Verfügung standen.

In dem Augenblick, in dem Ihnen jemand das Angebot unterbreitet, sich um Ihr Vermögen bzw. Ihre Geldanlage zu kümmern, ist es so, dass dieser Jemand meist mehr Rendite abzwackt, als Sie auf den ersten Blick bemerken, und das völlig legal. Wenn sich ein Dienstleister darum bemüht, können Sie mit großer Sicherheit davon ausgehen, dass Sie nur einen Bruchteil der Rendite erwirtschaften, die Sie ganz alleine erhalten könnten, denn Ihr Makler oder Versicherungsprofi, Ihr Berater oder Vermögensmanager will natürlich einen (erheblichen) Teil von Ihrem Kuchen abbekommen.

Was will ich Ihnen damit sagen? Es ist notwendig, dass Sie sich selbst um Ihr Geld kümmern. Meine Bank hat mir bestätigt, dass ich in den letzten 15 Jahren auf meinem Depot jährlich eine durchschnittliche Rendite von etwa 16 % erwirtschaftet habe, und das, obwohl ich mich wenig bis kaum um mein Depot kümmere. Ich treffe strategische Entscheidungen und korrigiere bisweilen ein- bis zweimal pro Jahr meine Anlagewerte. Ein bisschen Mut gehört dazu, das ist klar. Aber all das, was ich in den vergangenen 30 Jahren im Bereich Geldanlage, Investment, Sparen etc. gelernt habe, habe ich in diesem Buch für Sie einfach und nachvollziehbar zusammengestellt.

Schreibe ich für Sie?

Wer sollte dieses Buch lesen? Nun, grundsätzlich jeder, der am Thema Geldanlage interessiert ist. Wie Sie sicherlich wissen, sind wir Deutschen vermutlich die schlechtesten Geldanleger weltweit. Wir horten Billionen Euro auf Sparbüchern oder in unrentablen Kapitallebensversicherungen und sind nur sehr zögerlich mit der Geldanlage an der Börse. Und wenn wir dort investieren, kaufen wir teuer ein, weil uns die Erfolgsnachricht des Unternehmens erst erreicht, wenn die Aktie hoch steht. Und dann verkaufen wir aus lauter Panik bei fallenden Kursen. Die Wörter „Börse, Aktien, Spekulation" haben im deutschen Sprachschatz einen eindeutig negativen Touch.

In diesem Buch möchte ich Vorurteile entkräften und in vielen Facetten und Beispielen diese Dinge wieder ins rechte Licht rücken. Lassen Sie sich also auf diese spannende Reise ein, Sie können nur profitieren!

Eines sollten Sie in jedem Fall bedenken: Rendite und Risiko hängen grundsätzlich zusammen. Aber wenn Sie Ihrer Geldanlage viel Zeit zum Wachsen geben, nivelliert sich das Risiko, und die Rendite ist auf Ihrer Seite. Darüber werden wir uns im zweiten Kapitel noch genauer unterhalten.

Vielleicht fragen Sie sich noch: „Wie viel Zeit werde ich benötigen, um diese Anlagemethode auszuführen?" Ich verwende weniger als 30 Minuten pro Woche für meine Anlagestrategie. Ich schichte Werte eher selten um, meist nur ein- bis zweimal pro Jahr, denn ich bin der Auffassung, dass man einem Wert, für den man sich schließlich entschieden hat, auch eine gewisse Zeit geben muss, damit er sich bewähren kann.

So, nun möchte ich Ihnen viel Freude wünschen beim Nachvollziehen meiner Ideen und beim Nachrechnen meiner Beispiele. Ich hoffe, ich kann – im Gegensatz zu anderen Büchern zu den Themen Geld, Geldanlage, Reichtum, Wohlstand etc. – die Thematik so simpel darlegen, dass auch Sie den Mut finden und regelrecht Lust bekommen, Ihre Geldanlage selbst in die Hand zu nehmen.

Lassen Sie mich mein Vorwort mit einem russischen Sprichwort schließen:

> **Кто не рискует, тот не пьёт шампанское.**
> *„Wer nichts wagt, kann keinen Champagner trinken."*

Ich freue mich, dass Sie mich auf den nächsten Seiten begleiten, und ich wünsche Ihnen ein glückliches Händchen bei Ihrer Geldanlage und bei der Auswahl der richtigen Produkte.

Es grüßt Sie herzlich,

Anton Ochsenkühn

„Es gibt tausend Möglichkeiten, Geld loszuwerden, aber nur zwei, es zu erwerben: Entweder wir arbeiten für Geld – oder das Geld arbeitet für uns."

Bernard Mannes Baruch

„Wie viele kennst du, die mit der Anlage in ein Sparkonto reich geworden sind? Ich kenne keinen!“

Robert Allen

Kapitel 1
Anlageprodukte im Überblick

Wie kommen Sie zu Geld? In diesem Kapitel schauen wir uns erst einmal der Deutschen liebste Geldanlagen an – mit denen Sie allerdings nicht reich werden. Im zweiten Teil des Kapitels geht es dann um lohnenswertere Möglichkeiten, Geld zu vermehren. Falls Sie nicht den Ehrgeiz haben, es als Unternehmer mit Bill Gates und Co. aufzunehmen, sollten Sie sich mit Anleihen und Aktien befassen. Wo es Geld gibt, ist auch das Finanzamt nicht weit: Was Sie in Sachen Anlageprodukte und Steuern beachten müssen, erfahren Sie im dritten Teil dieses Kapitels.

1.1. Womit Sie wohl eher nicht reich werden

Hier kommen erst einmal schlechte Nachrichten: Mit einer Lebensversicherung oder der Riester- bzw. Rürup-Rente verschenken Sie Geld. Dass das Sparbuch derzeit keine Freude macht, lesen Sie fast täglich in den Medien, und nach nennenswerten Zinsen für Ihr Girokonto werden Sie wohl vergeblich Ausschau halten. Auch Beteiligungen, Immobilien und Gold sind nicht die erfolgversprechendsten Anlagen. Sehen wir uns im Folgenden an, warum das so ist.

1.1.1. Kapitallebensversicherungen

Eine Kapitallebensversicherung war und ist die beliebteste Geldanlage der Deutschen. Circa 700 Milliarden Euro sind in diesen Versicherungen in Deutschland geparkt.

Eine Kapitallebensversicherung ist eigentlich ein Mischprodukt. Denn zum einen soll sie beim Tod des Versicherungsnehmers ein Schutz für die Hinterbliebenen, meist für die Familie, sein; zum anderen dient sie dazu, über einen längeren Zeitraum Geld anzusparen.

Das Problem mit Kapitallebensversicherungen ist, dass ein nicht geringer Anteil des eingesparten Geldes Ihnen als Sparer gar nicht zugutekommt. Schließlich muss das Versicherungsunternehmen Kosten bestreiten: Abschlussprovisionen für den Vertriebsmitarbeiter, der bei Ihnen vor Ort war, interne Verwaltungskosten, Ausbezahlung in Todesfällen etc. Jahr für Jahr teilt Ihr Versicherungsunternehmen Ihnen einen Garantiezins mit. Durch die Niedrigzinsphase sind diese Garantiezinsen mittlerweile im unteren einstelligen Bereich angekommen. Das heißt, Sie erhalten faktisch keinen Ertrag auf Ihr angespartes Geld, müssen aber dennoch den ganzen Verwaltungsaufwand abdecken, der hinter der Verfügbarkeit einer Kapitallebensversicherung steht.

Das bedeutet also: Klassische Kapitallebensversicherungen sollten Sie auf keinen Fall mehr abschließen! Denn die niedrigen Zinsen und die hohen internen Kosten erwirtschaften für Sie als Sparer faktisch keine Rendite mehr. Wenn Sie bereits über mehrere Jahre eine Kapitallebensversicherung angespart haben, dann könnte es unter Umständen sinnvoll sein, diese

a) zu kündigen und das Geld zu entnehmen oder

b) sie beitragsfrei zu stellen oder

c) Ihre Anteile zu verkaufen.

Weitere Informationen dazu finden Sie im Kapitel 6 ab Seite 179. Deutlich besser als die Geldanlage in eine Kapitallebensversicherung, die sowohl Versicherungsschutz als auch Geldvermehrung suggeriert, ist es, die Versicherung in zwei dedizierte Produkte aufzuteilen: Den Aspekt „*Versicherung für den Todesfall*“ können Sie deutlich günstiger mit einer sogenannten Risikolebensversicherung abdecken.

Beispielbeiträge

Anfänglicher jährlicher Zahlbetrag bei der Risikolebensversicherung Plus der Allianz Lebensversicherungs-AG *

Alter	Nichtraucher	Raucher
35	71 €	223 €
45	218 €	663 €
55	532 €	2.052 €

Anfänglicher jährlicher Zahlbetrag bei der Risikolebensversicherung der Deutschen Lebensversicherungs-AG – einem Unternehmen der Allianz *

Alter	Nichtraucher	Raucher
35	64 €	165 €
45	131 €	486 €
55	488 €	1.450 €

** Die genannten Beiträge sind gerundet und beispielhaft zu sehen. Sie gelten unter folgenden Voraussetzungen: klassische Risikolebensversicherung, Beruf: kaufmännischer Angestellter, Laufzeit: 15 Jahre, Absicherungsbedarf für den Todesfall: 100.000 €, jährliche Beitragszahlung, Verrechnung - die Verrechnungsüberschüsse im Zahlbeitrag sind nicht garantiert.*

Beispielhafte Beiträge für jährliche Aufwendungen einer Risikolebensversicherung: Beispielsweise zahlt ein 45-jähriger Nichtraucher ca. 218 € im Jahr und damit etwa 18 € je Monat für eine Absicherung von 100.000 Euro im Todesfall. (Quelle: https://www.risikolebensversicherungen.com)

Kapitallebensversicherung mit einer Versicherungssumme von 100.000 €, Einstiegsalter 27 Jahre und Vertragsende mit 60 Lebensjahren: monatlicher Beitrag ca. 270 € – und damit jährlich ca. 3.240 €.
(Quelle: https://www.huk.de/gesundheit-vorsorge-vermoegen/altersvorsorge/kapitallebensversicherung.html)

Sie sehen, dass die Risikolebensversicherung dramatisch günstiger ist als die Kapitallebensversicherung (KLV). Aber natürlich bekommen Sie bei der Risikolebensversicherung keine Beiträge zurückerstattet, und es wird ebenso kein Geld angespart, so wie es bei einer Kapitallebensversicherung der Fall ist.

Den anderen Teil Ihres Geldes, den Sie sparen, weil Sie ihn nicht in eine Kapitallebensversicherung investieren, könnten Sie beispielsweise in ein Produkt stecken, bei dem Sie an den Gewinnen an der Börse partizipieren. Eine sehr schöne, weil risikoarme Möglichkeit wäre beispielsweise das Ansparen in ein sogenanntes DAX-ETF-Produkt.

Was sind DAX-ETF-Produkte?

› ETFs (ETF: Exchange Traded Fund – auch Indexfonds genannt) sind börsengehandelte Indexfonds, die börsentäglich sowohl ein- als auch verkauft werden können. Ein DAX-ETF partizipiert zu 100 % an der Entwicklung des Deutschen Aktienindex (DAX). Wenn also der DAX beispielsweise von 10.000 auf 12.000 Punkte steigt und damit 20 % gewinnt, dann wird auch Ihr DAX-ETF-Produkt um 20 % zulegen. Natürlich gilt in die andere Richtung das Gleiche: Verliert der DAX 10 %, verliert auch Ihr DAX-ETF 10 %. Aber wie ich schon erwähnt habe, entwickelt sich der DAX über einen längeren Zeitraum mit durchschnittlich 7 bis 8 % je Jahr. Weitere detailliertere Informationen hierzu finden Sie im Kapitel 4.

Wenn Sie nun das Geld, das Sie nicht in eine Kapitallebensversicherung (KLV) investiert haben und das nach Abzug der Kosten für die Risikolebensversicherung (RLV) noch übrig bleibt, in einen DAX-ETF zahlen, dann erwirtschaften Sie über die Dauer von z. B. 33 Jahren folgende Summe:

Kenndaten [weiße Felder ausfüllen, markiertes Feld wird berechnet]			Was berechnen?
Anfangskapital:	0,00	Euro	Anfangskapital berechnen
Sparrate:	260,00	Euro	
Sparintervall:	monatlich		Sparrate berechnen
Einzahlungsart:	vorschüssig		
Dynamik:	keine		Dynamik berechnen
Zinssatz:	7,00	% p.a.	
Zinsperiode:	jährlich		Zinssatz berechnen
Zinseszins:	Ja, Zinsansammlung		
Ansparzeit:	33	Jahre	Ansparzeit berechnen
Festlegungsfrist:	0	Jahre	
Endkapital:	385.142,11	Euro	Endkapital berechnen
Steuersatz:	nicht berücksichtigen		
Anfangsmonat:	nicht angegeben		
	Berechnen		Permanentlink erstellen zu dieser Berechnung

(Quelle der Berechnung: http://www.zinsen-berechnen.de/sparrechner.php)

Berechnungsgrundlage:

- eine KLV mit einem Betrag von ca. 270 € im Monat
- eine gleichwertige RLV für ca. 100 € im Jahr und damit ca. 10 € je Monat (beide mit einem Eintrittsalter von 27 Jahren, Laufzeit bis zum 60. Lebensjahr)
- ein DAX-ETF wird mit 260 € je Monat bespart. Endergebnis nach 33 Jahren mit 7 % Wertsteigerung je Jahr: ca. 385.000 € (Im Vergleich dazu bringt die KLV ein Ergebnis von ca. 155.000.)

Fazit: Es macht schlicht und ergreifend wenig Sinn, eine Kapitallebensversicherung anzusparen.

Geschichte: Kapitallebensversicherung

1999 hatten meine Frau und ich die Idee, allmählich damit zu beginnen, für das Alter vorzusorgen. Die gängige Anlagemöglichkeit, die viele andere deutsche Anleger nutzen, ist die sogenannte Kapitallebensversicherung. Da aber eine Kapitallebensversicherungsgesellschaft im Regelfall sehr konservativ anlegt, sind die zu erwartenden Steigerungen pro Jahr im tiefen einstelligen Bereich. Damals wurden uns als Garantiezuwachs Werte im Bereich von 4 % zugesagt. In den letzten Jahren sind diese Garantieverzinsungen aufgrund der niedrigen Zinsen sukzessive von den Kapitallebensversicherungsunternehmen zurückgenommen worden, sodass wir aktuell oftmals nur noch bei Garantieverzinsungen im Bereich von etwas mehr als einem Prozent liegen.

Deshalb hatten wir uns 1999 schon überlegt, ein Produkt bei einem Unternehmen abzuschließen, wo das Geld spekulativer angelegt wird, wodurch wir deutlich höhere Erträge einfahren könnten. Als ich dann 2015 diese Verträge überprüfte, bat ich das Unternehmen, doch die durchschnittliche Per-anno-Steigerung unserer Verträge zu kalkulieren und uns diese Informationen schriftlich zukommen zu lassen. Nach etwa zwei Wochen kam dann postalisch der Bescheid. Das Unternehmen gratulierte uns zu unserem erfolgreichen Produkt, das immerhin mit 6,9 % per anno wachsen würde.

Zunächst dachte ich mir: „*Na prima! 6,9 % – ein hervorragendes Anlageprodukt!*" Wir hatten 1999 damit begonnen, dann kamen die ganzen schlechten Börsenjahre von 2000 bis 2003 und dann die schwierigen Jahre 2008 bis 2011. Jetzt, nach einem Zeitraum von 16 Jahren, mit 6,9 % pro Jahr das Geld angelegt zu haben, war doch ein gutes Gefühl.

Dann schaute ich mir den aktuellen Wert dieses Portfolios aber genauer an und konnte mit einem einfachen Taschenrechner hochrechnen, wie viel wir bislang in diesen Vertrag hineinbezahlt hatten. Und mir schien, dass 6,9 % ein etwas zu hoch gegriffener Wert sein musste, wenn ich es damit verglich, was wir einbezahlt hatten und was wir faktisch als angespartes Volumen ausgewiesen bekamen.

Flugs zog ich meinen Computer hervor, nahm die Tabellenkalkulation Excel zur Hand und rechnete diese Anlage nach. Und was soll ich sagen? Meine Kalkulation ergab eine Wertsteigerung von lediglich 2,3 % pro Jahr. Ich nahm erneut Kontakt mit dem Versicherungsunternehmen auf und wollte diese Diskrepanz geklärt haben.

Die Dame an der Hotline des Unternehmens war mit der Fragestellung hörbar überfordert und sie teilte mir mit, es würde von geeigneter Stelle einen Rückruf geben, um dies zu klären. In der Tat rief wenige Tage später ein kompetenter Mitarbeiter zurück und erklärte die Sache ganz einfach, nämlich: Bei der Geldanlage in diese KLV – genauso wie bei anderen Kapitallebensversicherungen – werden zunächst intern in dem Unternehmen Gebühren abgeführt, Provisionen ausgezahlt (diese Nebenkosten nennt man *„weiche Kosten"*) etc., und dies passiert just vor allem in den ersten Jahren der Geldanlage.

Monatliche Aufstellung der Abschluss- und Verwaltungskosten für den Vertrag von Herrn Ochsenkühn					
Kostenentnahme von	bis	Monate	Beitrag in €	Abschluss-/ Verwaltungs-kosten in €	Investierter Betrag vor Abzug der Risikokosten
01.01.1999	31.12.1999	12	153,39	107,37	46,02
01.01.2000	21.12.2001	24	161,06	112,74	48,32
01.01.2002	31.10.2002	10	169,11	11,00	158,11
01.11.2002	31.12.2002	2	169,11	5,64	163,47
01.01.2003	31.12.2003	12	177,56	11,55	166,01
01.01.2004	31.08.2004	8	186,43	17,76	168,67
01.09.2004	31.12.2004	4	186,43	12,12	174,31
01.01.2005	31.07.2005	7	195,75	18,65	177,10
01.08.2005	31.12.2005	5	195,75	12,73	183,02
01.01.2006	30.06.2006	6	205,53	19,58	185,95
01.07.2006	30.04.2007	10	205,53	13,37	192,16
01.05.2007	30.03.2008	11	205,53	6,85	198,68
01.04.2008	31.12.2028	249	205,53	0,00	205,53

Ganz schön dreist: Von meinen Beiträgen der ersten drei Jahre hat die Versicherungsgesellschaft erst mal selbst die Kosten vereinnahmt. (Insgesamt einbezahlt: 5.706,12 €, davon anteilige Abschluss- und Verwaltungskosten: 3.994,20 € – also ca. 70 %!)

Das heißt: Von meiner monatlichen Sparrate der ersten Jahre wird nur ein geringer Bruchteil zur Geldvermehrung verwendet (nur ca. 30 %!). Der Rest wird in Form von Gebühren und Spesen einbehalten und intern zur Deckung der Kosten verwendet. Das wunderte mich aber sehr. Denn just das Geld, das am längsten läuft, kann am meisten Ertrag erwirtschaften. Und so erklärten sich schlichtweg auch die 6,9 %: Diese 6,9 % ergeben sich als Rendite, wenn man die Nettoanlage – also nach Abzug aller Verwaltungs- und Abschlusskosten – nimmt. Was für mich als Anleger natürlich völlig irrelevant ist, weil ich schlichtweg *„brutto“* einbezahle. Und 2,3 % pro Jahr Wertsteigerung bei einer Laufzeit von 16 Jahren wollte ich nicht hinnehmen. Ich habe den Vertrag unmittelbar danach gekündigt.

1.1.2. Riester- und Rürup-Rente

Die Stiftung Warentest sagt zur Riester-Rente unter anderem Folgendes:

> ***„Für jüngere Sparer ist eine klassische Riester-Rentenversicherung wegen der mäßigen Renditeerwartung wenig attraktiv. Fondsgebundene Riester-Rentenversicherungen, auch Riester-Fondspolice genannt, werden zwar häufig verkauft, kosten oft aber auch viel.“***
>
> *(Quelle:* https://www.test.de/thema/riester-rente/*)*

Ähnlich wie bei den vorhin schon genannten Kapitallebensversicherungen sind hier Unternehmen positioniert, die dem Sparer ein scheinbar unkompliziertes Produkt anbieten, bei dem der Kunde obendrein noch Steuern sparen bzw. Zuschuss vom Staat kassieren kann.

Aber wenn Sie *„Vater Staat“* gut kennen, wissen Sie, dass dem Bürger grundsätzlich nichts geschenkt wird. Denn die Rentenauszahlungen müssen versteuert werden. Und ob sich die Sache dann am Ende wirklich rentiert, ist äußerst unwahrscheinlich. Sicher ist in jedem Fall: Die Unternehmen, die Riester- oder Rürup-Verträge anbieten, verdienen prächtig. Sie als Anleger verschenken unnötig Rendite, die in Form von Gebühren, Provisionen etc. abfließt.

1.1.3. Sparbuch/Girokonto

Wie Sie sicher wissen, leben wir seit einigen Jahren in einer extremen Niedrigzinsphase. Für Häuslebauer hat das den Vorteil, dass sie das Objekt ihrer Begierde für sehr wenig Geld finanzieren können.

Für Sparer hat es den eklatanten Nachteil, dass sie keinen nennenswerten Zinsertrag mehr auf ihr Sparbuch oder Girokonto und andere Sparprodukte bekommen. Da jetzt auch die Banken beim Verleihen von Geld wenig Geld verdienen, haben diese Institute nicht mehr die Möglichkeit, Sparzertifikate, Sparbriefe und andere Konstrukte auf den Markt zu bringen, die eine erkleckliche Rendite vorweisen könnten. Wenn Sie heute Ihr Geld auf einem Sparbuch oder einem Girokonto liegen haben, verlieren Sie faktisch Ihr Vermögen durch Entwertung aufgrund der Inflation. (Mehr zum Thema Inflation finden Sie in Kapitel 2.)

1.1.4. Beteiligungen aller Art

Sie können Ihr Geld auch in andere interessante Produkte stecken. Sie könnten sich beispielsweise an aufstrebenden Unternehmen (Equity Fonds), an Frachtschiffcontainern, an einem Alterswohnsitz beteiligen. Oder Sie kaufen sich edlen Wein, Briefmarken, Oldtimer-Autos oder dergleichen. Der Fantasie der Geldanlagemöglichkeiten sind hier keine Grenzen gesetzt. Ich selbst habe in den letzten Jahren etliche Produkte dieser Art ausprobiert. Lesen Sie hierzu meine Geschichten.

Die Geschichte von der Ölförderanlage

Etwa im Jahr 2005/2006 begann der Ölpreis allmählich zu steigen. War es anfangs schon sensationell, als er die 40 US-Dollar pro Barrel übersprang, so beschleunigte sich der Preisauftrieb in den nächsten Monaten und Jahren noch deutlich. Deshalb dachte ich mir, es sei doch eine gute Idee, sich in irgendeiner Form an Öl bzw. an der Ölförderung zu beteiligen. Von einer Beraterfirma bekam ich den Hinweis, dass ich in eine Ölförderanlage in Amerika investieren könne.

Diese Ölförderanlagen transportieren außer Öl auch Erdgas nach oben, das ebenfalls verkauft werden kann. Der steigende Ölpreis und die möglicherweise eintretende Verknappung des Öls sollten ja dazu führen, dass der Ölpreis weiter an Fahrt aufnehmen würde. Durch die Förderanlage war ich unmittelbar an diesem Preisauftrieb beteiligt.

Also investierte ich, wie etliche andere Anleger auch, mein Geld in eine Ölförderanlage irgendwo in Texas in den Vereinigten Staaten von Amerika. Und was soll ich sagen? In den ersten drei Jahren war es ein sehr gutes Investment: Alle sechs Monate bekam ich einen Report, in dem aufgelistet wurde, wie viel Öl und wie viel Erdgas gefördert worden war, wie beides auf dem Markt verkauft worden war und – nachdem ich ja anteilig an dieser Förderanlage partizipierte – wie groß meine Ausschüttung sein würde.

Als das vierte Jahr ins Land zog, begann die Ölförderanlage jedoch im wahrsten Sinne des Wortes zu stottern. Es sprudelte kein Öl mehr aus dieser Quelle. Die Anleger wurden darüber informiert, und es hieß, es seien nun mehrere Gutachter vor Ort und man denke darüber nach, in noch weitere, tiefere Regionen zu gehen beziehungsweise mit mehr Druck oder anderen Verfahren zu arbeiten. Langer Rede kurzer Sinn: Es wäre keine schlechte Idee, noch etwas

Geld nachzuschießen, um die Förderung wieder auf den vorherigen Stand zu bringen.

Die Mehrheit der Anleger dieser Ölförderanlage beschloss jedoch genauso wie ich, kein weiteres Geld mehr zu investieren, sondern die Ölförderanlage weiterlaufen zu lassen. Es dauerte daher nicht mehr lange, bis aus der Ölförderanlage schlichtweg überhaupt kein Öl mehr und ebenso nur noch wenig Gas gefördert werden konnte. Nach etwa sieben Jahren sagte uns die Betreibergesellschaft, dass jetzt mit dieser Förderanlage Feierabend sei. Man habe noch vergeblich versucht, die Anlage zu verkaufen. Auch dieses Vorhaben sei gescheitert. Die Gesellschaft werde die Sache nun abschließen und alles Material, das noch da sei, verschrotten, um aus dem hochwertigen Baustahl noch etwas Geld zu gewinnen.

Fazit dieser Geldanlage: Von dem eingesetzten Kapital habe ich etwa 30 % in Form von Ausschüttungen gesehen, der Rest ist unwiderruflich dahin.

Die Geschichte vom Geldanlagetipp der Hausbank

Vielleicht kennen Sie das: Sie stehen am Kontoauszugsdrucker und nehmen Ihre Belege aus dem Gerät. Auf den Ausdrucken stehen neben den Vorgängen auf Ihrem Girokonto bisweilen auch Informationen Ihrer Bank. Das sind meist aktuelle Informationen zum Zinssatz Ihres Dispositionskredits, aber bisweilen auch gesetzliche Änderungen, über die die Bank Sie informieren muss. Manchmal wird dort – so war es bei mir im Jahr 2003 – eine Geldanlagemöglichkeit angeboten. Ich las etwas von *„völlig ohne Risiko 14 % Rendite pro Jahr“* und den Namen des Ansprechpartners bei meiner Bank.

Wir schrieben das Jahr 2003. Der DAX hatte im März seinen Tiefstand bei etwa 2.500 Punkten erreicht. Ich hatte die Schnauze richtig voll von der Geldanlage an der Börse und dachte mir: *„Na* *prima, eine Anlagemöglichkeit mit 14 % per anno, die noch dazu ohne Risiko ist und von einer soliden Bank unterstützt wird. Das ist eine Gelegenheit, die ich mir nicht entgehen lassen sollte.“*

Natürlich nahm ich Kontakt mit dem Ansprechpartner meiner Bank auf, der mir das Produkt näher erläuterte: Es handele sich um eine Biogas-Firma, die ökologisch Strom erzeuge und durch die Einspeisevergütung ihren Ertrag erwirtschafte. Daran dürfe man sich als Anleger nun beteiligen und würde mit einer durchschnittlichen Ausschüttung von 14 % im Jahr rechnen können. Ich überlegte ein wenig hin und her, war aber schnell von dem Produkt überzeugt. 14 % sind eine absolut interessante Rendite, die Einspeisevergütung, die vom Staat garantiert wird, ließ auch darauf hoffen, dass es ein sicheres Investment sei. Außerdem war der Standort dieser Firma in Deutschland. Also ergriff ich die Gelegenheit beim Schopf und investierte in dieses Produkt.

Als Allererstes nahm sich natürlich die Bank ein Agio, das ist eine Provision, weil sie das Geschäft mit mir erfolgreich abgeschlossen hatte. Und vermutlich ist die Bank auch das Unternehmen, das bei der ganzen Geschichte am meisten verdient hat.

Denn in den ersten drei bis vier Jahren wurde überhaupt kein Geld an uns Anleger ausgeschüttet. Das wurde damit begründet, dass die Anlage Schwierigkeiten habe, in Produktion zu gehen. Der eine oder andere technische Defekt kam hinzu, und dann gab es zudem noch rechtliche Streitigkeiten in Sachen Einspeisevergütung.

Langer Rede kurzer Sinn: Es floss alles – bloß kein Geld. Viel Post wurde hin und her gesendet, ich bekam von der Anlage kein Geld ausbezahlt. Erst ab dem vierten Jahr begann die Anlage zu produzieren, und die ersten Ausschüttungen erreichten mein Konto.

Ich habe diese Geldanlage nun mittlerweile seit mehr als einem Jahrzehnt. Die anfänglichen Ausschüttungen lagen im Bereich von 6 bis 7 %. Derzeit haben wir tatsächlich einmal 9 % per anno als Ausschüttung erreicht. Der aktuelle Prospekt, der die Perspektive der nächsten Jahre auflistet, spricht wiederum von Ausschüttungen, die im Bereich von 8 bis 10 % liegen könnten, wenn alles optimal läuft. Nun, was soll ich sagen? Der Unterschied von 14 % zu ca. 8 % ist schon gewaltig, denn 8 % sind nur etwas mehr als 50 % der versprochenen Rendite von 14 %!

Und die Anlage ist nun seit etlichen Jahren im Betrieb. Ich bin neugierig, wann die Betreiber beginnen, Reparaturen oder Erneuerungsarbeiten auszuführen und ob sie dann die Ausschüttungen wieder verringern oder komplett aussetzen werden.

1.1.5. Immobilien

Wer träumt nicht von seiner eigenen Immobilie? Von einem kleinen Haus auf dem Lande mit einem beschaulichen Grundstück oder von einer coolen Wohnung in der Stadt.

Doch eine Immobilie zu erwerben ist meist nicht einfach. Denn je attraktiver der Standort ist, desto höher sind die Preise. Und eine Immobilie kostet stets einen richtigen Batzen Geld und bindet damit ebenso viele Ressourcen. Die meisten Sparer werden nicht das nötige Geld auf ihrem Konto haben, um die Immobilie vollends zu bezahlen. Es muss also ein Darlehen her, um sich diese Immobilie leisten zu können.

Wenn Sie als Anleger die Immobilie nicht selbst beziehen, sondern sie als Anlageprodukt betrachten, heißt das: Sie investieren in eine Immobilie und versuchen durch Mieteinnahmen, Steuerersparnisse etc. und eben durch eine Wertsteigerung nach 20 bis 30 oder gar 40 Jahren einen positiven Ertrag Ihrer Immobilienanlage zu bekommen.

Doch wie Sie vermuten werden, ist das nicht ganz einfach. Denn viele Faktoren sind daran beteiligt, um die Geldanlage in eine Immobilie rentabel zu machen.

1.1.5.1. Immobilien – diverse Nachteile, die Sie kennen sollten

Immobilien sind sicherlich eine sehr schöne Möglichkeit, um Ihr Geld als Sachwert anzulegen. Sie können sich eine Immobilie für den eigenen Bedarf zulegen, um mietfrei darin zu wohnen. Immobilien haben eine Reihe von Vorteilen, aber ebenso eine Menge von Nachteilen, die nicht verschwiegen werden sollten:

- Wenn Sie eine Immobilie erwerben möchten, müssen Sie eine Menge Geld in dieses Objekt stecken. Soll es beispielsweise ein Haus mit Grundstück in ländlich einigermaßen attraktiver Lage sein, sind schnell 250.000 bis 450.000 € aufzuwenden.
  Eine nette Wohnung mit etwa 70 bis 80 m² kann in einem Ballungszentrum wie München auch schon einmal 400.000 bis 500.000 € kosten. Diese Summe müssen Sie in ein einziges Objekt investieren! Und da ich davon ausgehe, dass Sie das Geld nicht komplett zur Verfügung haben, müssen Sie die Immobilie finanzieren.

- Immobilien haben leider die Angewohnheit, zu altern. Wenn Sie in den eigenen vier Wänden wohnen, kennen Sie die Situation: Nach einigen Jahren sind kleinere und nach vielen Jahren größere Renovierungsarbeiten notwendig. Wenn dann nach zwanzig Jahren die Heizung den Geist aufgibt, sind einige Zehntausend Euro für eine Neuinvestition fällig. Das heißt: In eine Immobilie müssen Sie sukzessive Geld hineinpumpen, und das wiederum schmälert die Rendite dieser Anlageart.

- Egal ob Sie nun die Immobilie selbst bewohnen oder sie vermietet haben, ein nicht geringer Anteil an Kosten sind die sogenannten Nebenkosten, wie Strom, Wasser, Heizung etc. Nachdem der Ölpreis in den letzten Jahren deutlich gestiegen ist und sich die Strompreise innerhalb einer Dekade nahezu verdoppelt haben, ist dieser zusätzliche Kostenblock nicht zu unterschätzen. Oder haben Sie schon einmal die Müll- und Abfallgebühren genauer untersucht? Auch die kennen nur eine Richtung: Sie steigen unentwegt.

- Vielleicht haben Sie die Möglichkeit, die Immobilie in irgendeiner Form steuerlich geltend zu machen. Das kann auf den ersten Blick ganz verlockend sein. Jedoch ist es schwer zu prognostizieren, wie groß die steuerliche Erleichterung durch eine Immobilie tatsächlich ist. Der Gesetzgeber hat hier in den letzten Jahren einige Schranken eingebaut, sodass es nicht einfach wird, Immobilien steuerlich geltend zu machen.

Wenn Sie eine Immobilie als Geldanlage erwerben, so müssen Sie verschiedene Dinge berücksichtigen. Sie haben im Regelfall eine Finanzierung. Sie müssen Geld aufwenden, um die Immobilie in Schuss zu halten. Sie müssen sich eventuell um einen Mieter kümmern. Und ich drücke Ihnen fest die Daumen, dass der Mieter brav monatlich seine Miete zahlt.

Sollte Ihre Immobilie nicht in einer 1A-Superlage zu finden sein, wie in den Ballungszentren München, Berlin, Hamburg etc., dann ist nicht unbedingt davon auszugehen, dass sie im Laufe der Zeit an Wert gewinnen wird.

Hat Ihre Immobilie eine konventionelle elektrische Installation? Ich verspreche Ihnen: In wenigen Jahren wird diese Installationsmethode überholt sein, und wir werden eine Menge digitaler Helfer in einer Wohnung oder einem Haus nutzen können. Wenn Sie also heute ein Haus bauen, ist es möglicherweise in 15 oder 20 Jahren technologisch gesehen komplett veraltet. Welchen Preis werden Sie dann mit einer derartigen Immobilie erzielen können?

Keine Frage, eine Immobilie ist sicherlich ein interessantes Anlageprojekt, wenn Sie sie selbst bewohnen möchten. Das gilt vor allem dann, wenn Sie darauf fokussiert sind, im Rentenalter ein vollständig abbezahltes Eigenheim zu haben, weil dann Ihre Bezüge geringer ausfallen. Die Frage ist allerdings, ob es nicht deutlich sinnvoller wäre, in den Jahren des Erwerbslebens eine günstigere Mietwohnung zu bewohnen und Geld anzusparen, um es danach in eine Immobilie zu investieren.

Denn auch das sollten Sie bedenken: Wenn Sie heute ein Haus auf dem Land als besonders attraktiv erachten, weil dort Ihre Kinder einen Kindergarten vorfinden und in ländlicher Umgebung aufwachsen können, kann sich die Situation etliche Jahrzehnte später ändern.

In dem Dorf gibt es vielleicht keinen Supermarkt oder andere Einkaufsmöglichkeiten mehr. Das heißt, Sie müssen mit dem Auto in die nächste Stadt fahren, die mehrere Kilometer entfernt ist. Natürlich wünsche ich Ihnen ein langes Leben. Aber ob Sie mit 92 Jahren noch mit dem Auto vom Dorf in die Stadt fahren möchten, um Lebensmittel zu kaufen, wage ich doch zu bezweifeln.

Überlegen Sie, ob Sie in höherem Alter vielleicht in eine Kleinstadt ziehen wollen, weil dort die Einkaufsmöglichkeiten, die medizinische Versorgung und dergleichen deutlich besser sind als auf dem Land – auch wenn Sie jetzt mit dem wirklich schnuckeligen und gemütlichen Haus im Grünen liebäugeln, das Ihnen im Alter viel zu groß vorkommen wird.

Gerald Hörhan (https://www.gedankentanken.com/video/die-vier-groessten-finanzirrtuemer/) würde sinngemäß sagen: *„Eine Immobilie in der Pampa ist eines der größten Finanzirrtümer der Mittelschicht.“*

1.1.5.2. Immobilienfinanzierung

Als Geldanleger interessiert mich zudem diese Komponente: Ist die Immobilie ein derartiger Klotz am Bein, dass sie mich finanziell unfrei macht?

Viele Menschen haben das Ziel, in jungen Jahren nicht nur eine Familie zu gründen, sondern sich eine eigene Immobilie anzuschaffen. Das kann ein Haus mit Grundstück sein oder die komfortable Eigentumswohnung. Bei beidem möchte man nicht kleckern, sondern klotzen und das Objekt wird falsch dimensioniert. Nehmen wir an, Sie verfügen gemeinsam über ein Nettoeinkommen von 2.500 €, und allein die Immobilie nimmt Ihnen mit Zins und Tilgung 1.000 € weg. Dann sind da noch die Nebenkosten und dieses und jenes, und schwuppdiwupp kann es sein, dass von Ihrem Nettovermögen wirklich kein Cent mehr auf der hohen Kante bleibt und Sie auch keine Möglichkeit haben, Geld anzusparen.

Aber genau das langfristige Geldansparen ist es, was unbedingt Sinn macht. Vielleicht sollten Sie dazu die Immobilie kleiner dimensionieren, um noch Platz für das Geldansparen zu lassen. Möglicherweise können Sie die Immobilie auch durch peripheres Geldansparen schneller abbezahlen als durch ein konventionelles Annuitätendarlehen mit einer Bank?

Ich habe ein Beispiel für Sie nachgerechnet. Sie sehen hier zwei Möglichkeiten. Bei beiden haben wir eine Investitionssumme von 200.000 €. Im ersten Fall tilgen Sie diese Summe bei der Bank über ein Annuitätendarlehen. Im zweiten Fall sparen Sie nebenbei an.

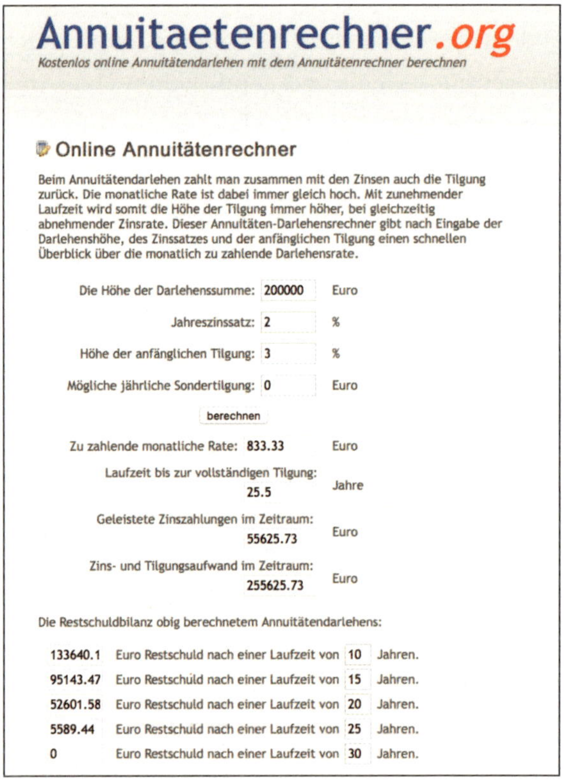

Fall 1: Tilgung über ein Annuitätendarlehen
(Quelle: http://www.annuitaetenrechner.org)

Wenn Sie nun 200.000 € in eine Immobilie investieren (2 % Zins und 3 % anfängliche Tilgung je Jahr), dann haben Sie eine monatliche Belastung von 833 € über die gesamte Laufzeit bis zum Ende – zur vollständigen Tilgung – nach 25,5 Jahren. Insgesamt haben Sie ca. 256.000 € für das Darlehen aufwenden müssen.

Im zweiten Fall vereinbaren Sie mit Ihrer Bank, dass Sie nicht tilgen, sondern eben nur Darlehenszinsen bezahlen, dafür aber anderweitig (z. B. mit DAX-ETF mit 7 % Wertsteigerung gemittelt) Ihr Geld anlegen. Dann sieht Ihre Berechnung wie folgt aus: Von den 833 € je Monat werden 333 € für die Zinsen benötigt. 500 € können in den DAX-ETF fließen und sich wie folgt entwickeln:

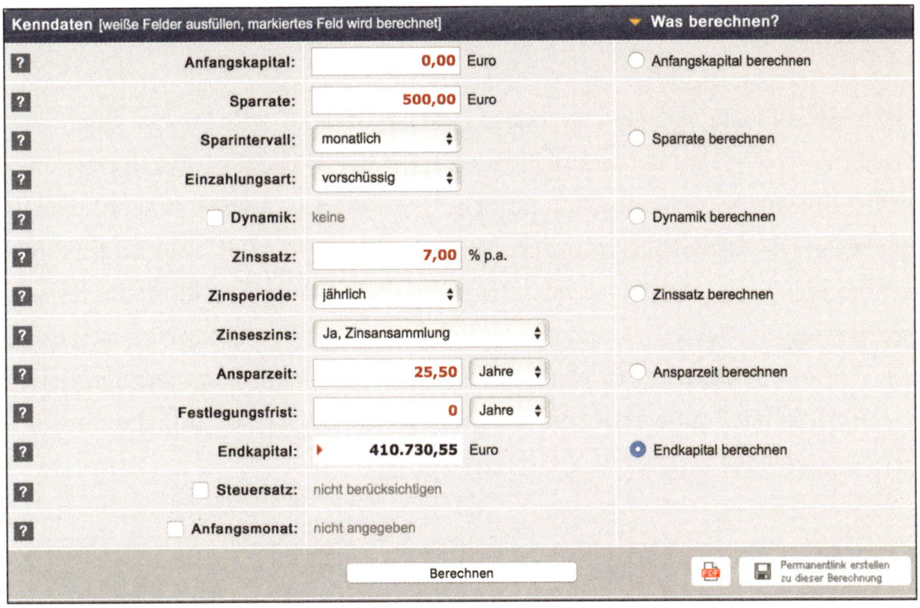

Fall 2: Ansparen (Quelle: http://www.zinsen-berechnen.de/sparrechner.php)

Ihr Vermögen beläuft sich nach den 25,5 Jahren auf ca. 410.000 €. Sie tilgen nun das noch offene Darlehen, und es bleiben Ihnen noch 210.000 € Guthaben übrig.

Wenn Sie dieses Thema detaillierter erkunden wollen, finden Sie in Kapitel 5 die Berechnung nochmals intensiver erläutert.

Sie verstehen, dass Sie unbedingt darauf achten sollten, neben dem Investment in eine Immobilie anderweitig Geld anzusparen. Denn wenn Sie mit 67 Jahren in Rente gehen, ist es ganz nett, in der abbezahlten Immobilie zu sitzen. Aber diese Immobilie wirft leider kein Geld ab und kann deshalb nicht dazu beitragen, Ihre wohl ohnehin zu geringe Rente aufzubessern. Sparen Sie also zeitig Geld an, um im Rentenalter ein bequemes finanzielles Polster zu haben.

1.1.6. Gold

Gold übt auf viele Anleger eine fast magische Anziehungskraft aus. Doch eine Goldanlage wirft keine regelmäßige Rendite ab. Physisches Gold zu erwerben und zu besitzen ist nicht ganz einfach. Sie sollten sich ein Bankschließfach besorgen oder einen Tresor in Ihre Wohnung stellen. Allerdings ist ein Bankschließfach nicht mehr zu erreichen, wenn die Banken ihre Türen im Krisenfall verriegeln. Nebenbei bemerkt: Zuhause läuft man in Gefahr, beim Einbau des Tresors beobachtet zu werden. Einbrüche sind umso wahrscheinlicher, wenn Außenstehende beobachten könnten, wie ein Tresor eingebaut wird.

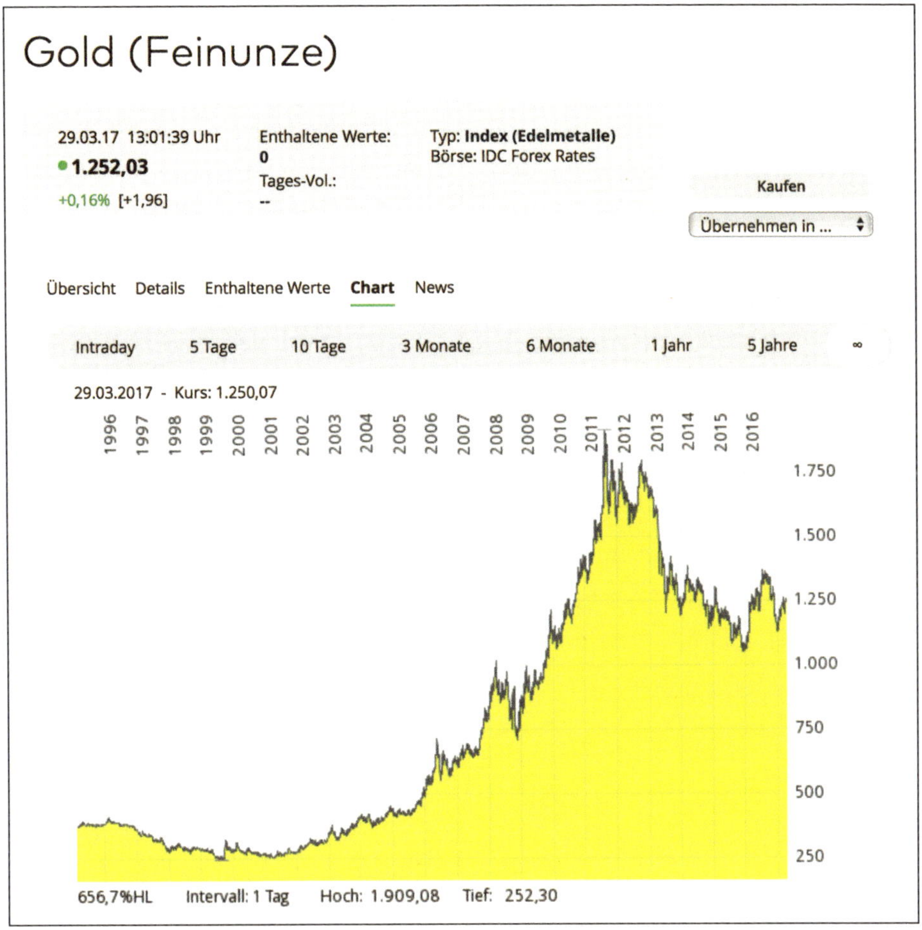

Preisentwicklung für Gold in den letzten 20 Jahren (Quelle: www.comdirect.de)

Betrachtet man diesen Chart, so scheint sich der Preis für die Feinunze Gold (ca. 31 Gramm) ja prächtig entwickelt zu haben. Bedenken Sie dabei aber, dass der Goldpreis im Regelfall in US-Dollar (USD) gehandelt wird und in dieser Währung in der Grafik dargestellt wird. Deshalb ist beim Goldpreis immer der Wechselkurs EUR/USD zu berücksichtigen.

Gold ist immer dann ein klassischer Notgroschen und krisensicheres Zahlungsmittel, sobald extreme Krisen, Kriege etc. ihr Unwesen treiben. Gold ist dann als Zahlungsmittel oft unentbehrlich. Zum Vermögensaufbau erachte ich den Erwerb von Gold aber als eher ungeeignet. Betrachten Sie ein Investment in physisches Gold als mentales Ruhekissen für extreme Zeiten.

Kaufen Sie für den Fall der Fälle aber keine Goldbarren, sondern Goldmünzen mit geringem Gewicht, denn diese kann man im Notfall noch kleiner zersägen. Goldschmuck hingegen ist ebenfalls nicht gut geeignet. Man zahlt bei Schmuck nämlich zusätzlich noch die Arbeitszeit für die Verarbeitung der Edelmetalle. Im Kriegsfall und in Notzeiten bekommen Sie diesen Mehrwert der Schmuckstücke nicht umgesetzt, denn dann zählt das reine Gewicht des Edelmetalls oder der Materialien wie Diamanten.

Allerdings ist es ebenfalls schon vorgekommen, dass just in schwierigen Zeiten der Staat den privaten Goldbesitz verboten hat (so geschehen 1933 in den USA oder 1949 in China). Dann haben Sie zwar Gold im Tresor, können es aber nicht in Umlauf bringen.

Wenn Sie sich über die bewegte Geschichte dieses Edelmetalls näher informieren möchten, empfehle ich Ihnen diesen Artikel:

https://de.wikipedia.org/wiki/Goldpreis

Übrigens, der DAX schlägt den Goldpreis – und zwar um Längen:

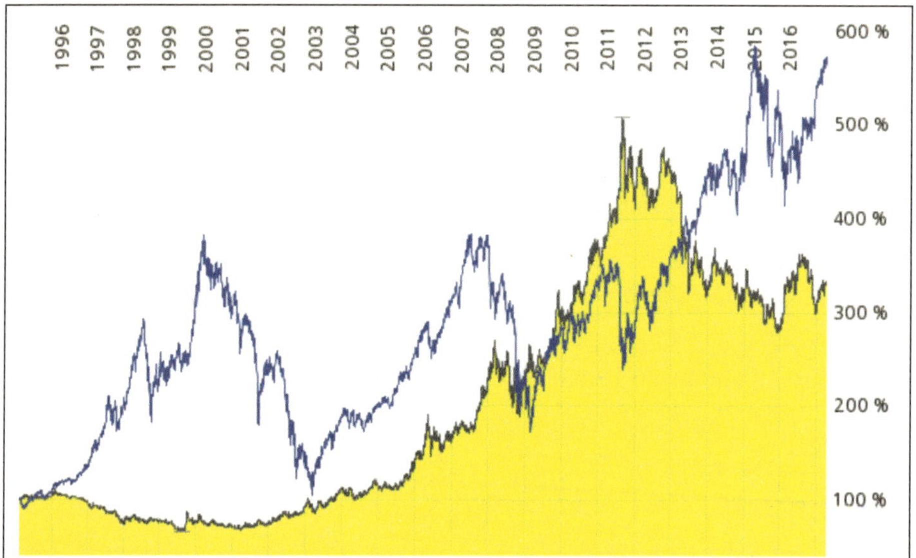

Vergleich DAX zu Goldpreis (Quelle: www.comdirect.de)

Die blaue Zickzacklinie zeigt den Verlauf des DAX in Relation zum Goldpreis in den vergangenen 20 Jahren. Und Sie sehen dabei, dass der DAX sich etwa versechsfacht hat, wohingegen der Goldpreis lediglich eine Verdreifachung erreicht hat.

1.2. Wie Sie zu Geld kommen können

Bis jetzt haben wir geklärt, welche weitverbreiteten Geldanlagen Sie entweder meiden oder sehr genau durchdenken sollen. Sehen wir uns nun an, wie Sie wirklich an Geld kommen können.

1.2.1. Heiraten oder erben

Beginnen wir mit dem Trivialsten: Wenn Sie relativ schnell an Geld kommen wollen, sollten Sie reich heiraten. Getreu dem Motto: „Liebe vergeht, Hektar besteht." Das hört sich simpel an und ist es auch :-). Sie sollten nur darauf achten, dass der Ehevertrag zu Ihren Gunsten gestaltet ist. Aber Spaß beiseite – durch einen Ehevertrag (Zugewinngemeinschaft, Gütergemeinschaft) können Sie vom Wohlstand Ihres Partners bzw. Ihrer Partnerin profitieren und müssen sich nicht alles selbst erarbeiten oder ansparen. Einfacher – und angenehmer – geht's in der Tat kaum.

Die zweite Möglichkeit, um schnell an Geld zu kommen, ist ein Erbanteil. Vielleicht hat Ihre Großmutter noch irgendwo ein Grundstück, das Ihnen eines Tages als Erbe zufällt, oder Sie bekommen die Besitztümer Ihrer Eltern nach deren Ableben übertragen. Keine Frage – oftmals ist ein derartiger Anlass sehr schmerzhaft, aber auf lange Sicht gesehen sind die Folgen finanziell meist ganz attraktiv.

Im Idealfall haben Sie natürlich einen reichen Onkel in Amerika, der ohne Nachwuchs blieb und Ihnen in seinem Testament die Villa, den Pool und die Jacht überlassen hat. Wenn es aber nichts zu erben gibt und Sie keinen geeigneten Heiratskandidaten bzw. keine reiche Frau Ihres Herzens ausmachen können, müssen Sie wohl oder übel selbst aktiv werden, um sich Ihr Geld zu erarbeiten.

1.2.2. Unternehmer werden

Wenn Sie als Arbeitnehmer/-in oder Angestellte/-r Ihr Geld verdienen müssen, dürfte es schwierig sein, üppig Geld pro Monat fürs Sparen beiseite zu legen und in einer kurzen Zeit zu einem ansehnlichen Vermögen zu kommen.

Deutlich einfacher gelingt es, wenn Sie ein Unternehmen gründen und dieses Unternehmen erfolgreich leiten. Tendenziell ist es so, dass die reichsten Menschen dieser Welt nahezu allesamt ein Unternehmen gegründet und aufgebaut haben. Denken Sie an schillernde Persönlichkeiten wie Steve Jobs, Bill Gates, Henry Ford oder, oder, oder ...

Rang	Milliardär[7]	Vermögen in Milliarden US-Dollar	Nationalität	Alter	Wirtschaftszweig
1. —	Bill Gates	▼75,0	Vereinigte Staaten	60	Software (Microsoft)
2. ▲	Amancio Ortega	▲67,0	Spanien	79	Bekleidung (Inditex)
3. —	Warren Buffett	▼60,8	Vereinigte Staaten	85	Investment (Berkshire Hathaway)
4. ▼	Carlos Slim Helú	▼50,0	Mexiko	76	Telekommunikation (Telmex, Telcel, América Móvil)
5. ▲	Jeff Bezos	▲45,2	Vereinigte Staaten	52	Internethandel (Amazon.com)
6. ▲	Mark Zuckerberg	▲44,6	Vereinigte Staaten	31	Software (Facebook)
7. ▼	Larry Ellison	▼43,6	Vereinigte Staaten	71	Software (Oracle)
8. ▲	Michael Bloomberg	▲40,0	Vereinigte Staaten	74	Medien
9. ▼	Charles G. Koch	▼39,6	Vereinigte Staaten	80	Öl und Chemie (Koch Industries)
9. ▼	David H. Koch	▼39,6	Vereinigte Staaten	75	Öl und Chemie (Koch Industries)
11. —	Liliane Bettencourt	▼36,1	Frankreich	93	Kosmetik (L'Oréal)
21. ▲	Karl Albrecht Jr. & Beate Heister	▲25,9	Deutschland	69 / –	Einzelhandel (Aldi-Süd)
64. ▲	Dietrich Mateschitz	▲13,2	Österreich	71	Getränke (Red Bull GmbH)
129. ▲	Ernesto Bertarelli	▼8,6	Schweiz	50	Biotechnologie (Serono S.A.)

Die vermögendsten Menschen und ihre Unternehmen (Quelle: www. wikipedia.de)

Wie Sie anhand der Liste sehen, sind nahezu alle wirklich vermögenden Menschen unternehmerisch tätig, denn sie erzeugen Produkte, die weltweite Verbreitung haben (Microsoft Windows, Facebook, Red Bull etc.) und auf diese Weise ein hohes Umsatzvolumen erzeugen. Da diese Unternehmen zahlreiche Menschen beschäftigen, wird jeder der Angestellten seinen Beitrag dazu leisten, dass das Unternehmen neue Produkte herstellen kann und dadurch weiter wachsen wird. Und ein Unternehmer hat im Regelfall deutlich mehr Möglichkeiten, steuerlich aktiv zu werden.

Wenn Sie als Arbeitnehmer/-in Ihre Steuerlast drücken wollen, können Sie vielleicht die Fahrten von und zum Arbeitsplatz und noch einige Kleinigkeiten mehr von der Steuer absetzen. Ein Unternehmer hingegen hat deutlich mehr Optionen, um sein zu versteuerndes Einkommen zu verringern. Auf den Punkt gebracht, verhält es sich so: Ein Unternehmer investiert Geld, und nur der Betrag, der übrigbleibt, wird versteuert. Der Arbeitnehmer muss erst alles Geld versteuern und kann erst danach das Geld zum Investieren verwenden!

Sollte Ihnen die Unternehmensgründung oder -leitung eine Schuhnummer zu groß sein, dann könnten Sie vielleicht darüber nachdenken, dass Sie von Ihrem Arbeitnehmerdasein in die Selbstständigkeit wechseln. Denn was im Großen für Unternehmen gilt, gilt ein Stück weit für Selbstständige: Sie haben die Möglichkeit, durch mehr Engagement deutlich mehr Geld zu verdienen.

Natürlich soll nicht unerwähnt bleiben, dass Sie als begabter und talentierter Musiker bzw. Musikerin ein wohlhabender Popstar werden könnten. Auch als international bekannter Fußballer kommen Sie zügig an viel Geld. Sicherlich haben Sie den Medien entnommen, dass beispielsweise der Fußballer Toni Kroos einen Vertrag mit einem jährlichen Verdienst in Höhe von ca. 20 Millionen Euro brutto bei Real Madrid unterschrieben hat (das sind immerhin 38 € je Minute oder 2.280 € je Stunde und immerhin knapp 55.000 € pro Tag). Und sicher verdienen Hollywoods angesagte Schauspieler extrem viel Geld, was man in den Boulevard-Zeitschriften regelmäßig nachlesen kann.

Sie sehen, dass man als bekannte Persönlichkeit im Showbusiness, als Schauspieler oder als Sportler ziemlich viel Geld einsammeln kann. Was aber tun alle anderen Menschen, denen es nicht beschieden ist, ein Unternehmen zu leiten, ein Spitzensportler, Filmstar oder eine Pop-Ikone zu werden?

1.2.3. Anleihen

Bereits der Name drückt es aus: Sie leihen jemandem Ihr Geld. Dieser Jemand kann ein Staat sein (Staatsanleihe), aber auch ein Unternehmen (Unternehmensanleihe). Als Dankeschön erhalten Sie einen festgelegten Zinssatz. Da wir aber uns gerade in einer Niedrigzinsphase befinden, können Sie sich bereits vorstellen, dass die Zinssätze, die Ihnen Staaten oder Unternehmen für das Geldleihen aktuell zahlen, nicht berauschend sind. Denn sowohl Staaten als auch Unternehmen können sich zur Zeit sehr günstig über Banken refinanzieren, und natürlich hängen hier Rendite und Risiko eng zusammen.

Wenn Sie beispielsweise Ihr Geld einem *„wackeligen Staat“* leihen (Italien, Griechenland, Portugal etc.), könnten Sie unter Umständen einen Totalverlust Ihres geliehenen Geldes erleiden – nämlich dann, wenn dieser Staat zahlungsunfähig wird. Dieses Risiko gleicht der Emittent der Anleihe dadurch aus, dass er Ihnen mehr Zinsen gewährt. Wenn Sie daher einem soliden und wirtschaftlich gesunden Staat wie z. B. Deutschland, der Schweiz, den USA etc. Geld leihen, werden Sie mit geringeren Zinsen abgespeist als von den Wackelkandidaten.

Genauso sieht es natürlich bei Unternehmen aus: Unternehmen, die gut funktionieren und stabile Wirtschaftsgefüge navigieren, werden Ihnen weniger Zinsen für die Anleihen bezahlen.

Renditen von 10-jährigen Staatsanleihen (Stand: März 2017)		
Land	Rendite	Währung
Deutschland	0,30 %	€
USA	2,50 %	$
Japan	0,06 %	¥
Italien	2,14 %	€
Griechenland	7,00 %	€
Portugal	3,94 %	€

Beispiele für Renditen von Unternehmensanleihen (Stand: März 2017)		
Unternehmen	Laufzeit	Zins
BASF	2022	2,00 %
Daimler	2018	3,00 %
Microsoft	2021	2,13 %
SGL Carbon	2021	4,90 %

Sicher können sich die Zeiten immer wieder einmal ändern, sodass die Zinsen im Vergleich zum jetzigen Niveau ansteigen, womit Anleihen für Geldanleger wieder lukrativ werden könnten.

Aktuell hingegen ist es so, dass beispielsweise eine Allianz-Aktie pro Jahr ca. 4 bis 5 % Dividendenrendite abwirft, was Sie über Staatsanleihen wohl nur schwer verdienen können. Darüber hinaus profitieren Sie bei einer Aktie nicht nur von der Dividendenausschüttung, sondern ebenso von ihrer Kurssteigerung.

Da Anleihen börsentäglich handelbar sind, unterliegen sie ebenfalls Kursschwankungen. Diese sind im Normalfall weniger heftig als bei Aktien. Aber 5 bis 10 % Schwankungsbreite sind durchaus keine Seltenheit. Zudem können Sie Anleihen in anderen Währungen (Dollar, Yen etc.) erwerben und so unter Umständen durch Währungswechselkurse Ihre Rendite optimieren oder mindern.

Langfristig betrachtet wechseln viele Anleger zwischen Anleihen und Aktien hin und her. Dafür gibt es einen guten Grund: Denn sobald eine

Hochzinsphase eintritt, sind Anleihen sowohl sicher als auch renditestark, wogegen in den Niedrigzinsphasen – wie eben zurzeit – Anleihen eher uninteressant sind und deswegen die Anleger an die Börse treiben.

1.2.4. Sachwert Aktie

Neben Immobilien und physischem Goldbesitz sind Aktien sogenannte Sachwerte. Anleihen hingegen sind klassische Geldwerte. Mit Aktien profitieren Sie am Erfolg des Unternehmens, das diese ausgibt. Wie das im Detail aussieht, möchte ich Ihnen nun erklären.

1.2.4.1. Was sind Aktien?

Ein Unternehmen wie die Firma Microsoft gibt Aktien heraus. Jeder Mensch kann über die Börse diese Aktien kaufen. Da es viele Anleger gibt, die Aktien kaufen und verkaufen, herrscht ein reger Handel.

Eine Aktie ist nichts anderes als eine Beteiligung an einer Firma. Eine Firma, die gut läuft, also z. B. hohe Gewinne erzeugt, ist möglicherweise sehr attraktiv für Anleger, weil die Anleger am Gewinn dieses Unternehmens partizipieren möchten. Diese Aktien sind deshalb begehrt. Und da viele Anleger Aktien der erfolgreichen Firma haben möchten, wird gemäß den Gesetzen der Marktwirtschaft der Aktienwert nach oben getrieben. Den wenigen Menschen, die ihre Aktien loswerden wollen, stehen viele Menschen gegenüber, die sich an diesem Unternehmen beteiligen möchten. Ein Handel kommt zustande, wenn jemand zu einem höheren Preis bereit ist, seine Anteile zu verkaufen und ein anderer die Anteile zu diesem Preis erwirbt. Es wird damit ein neuer, und zwar höherer Aktienkurs errechnet.

Sie sehen also: Ein Aktienkurs steigt im Regelfall, wenn die Anzahl der Anleger, die diese Aktie haben möchten, höher ist als die Anzahl der Anleger, die diese Aktie verkaufen möchten. Eine Aktie sinkt, wenn das Unternehmen nicht gut wirtschaftet und viele Anleger versuchen, diese Unternehmensbeteiligung zu verkaufen. Es sind dann eben deutlich mehr Aktien auf dem Markt als potenzielle Anleger, die diese Aktie kaufen möchten. Der Kurs geht nach unten.

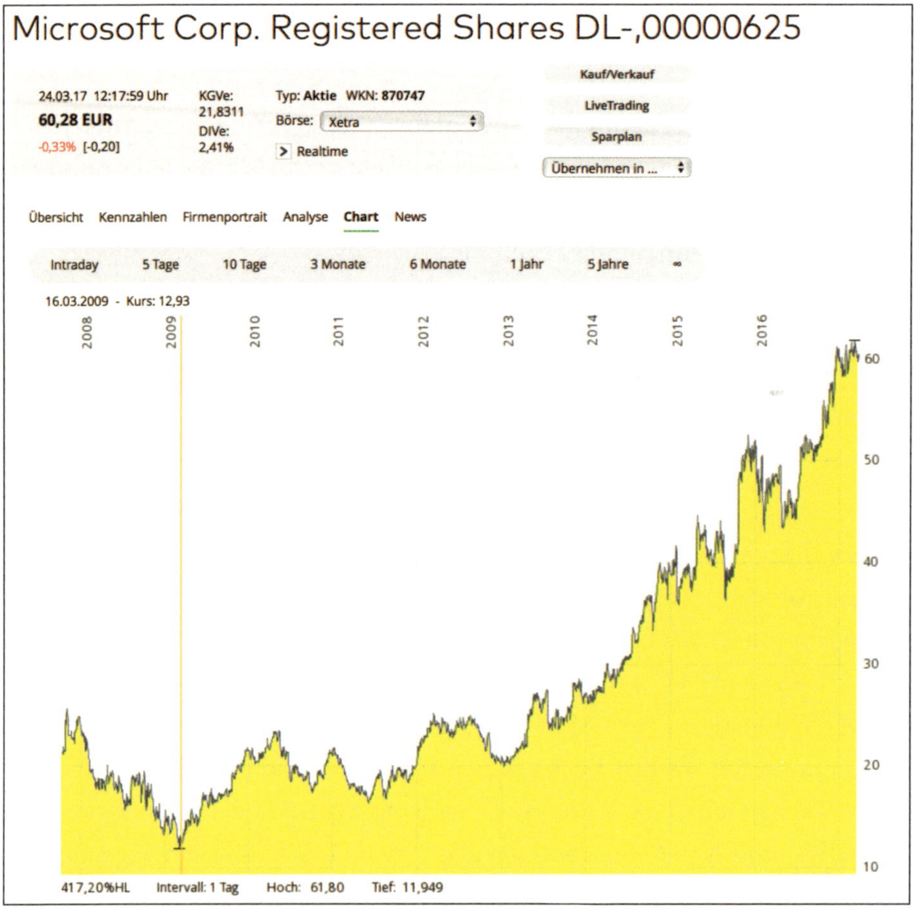

Der Chart zeigt die Microsoft-Aktie, die in den vergangenen zehn Jahren ein Tief bei unter 13 € hatte und inzwischen wieder bei ca. 60 € je Aktie notiert. (Quelle: www.comdirect.de)

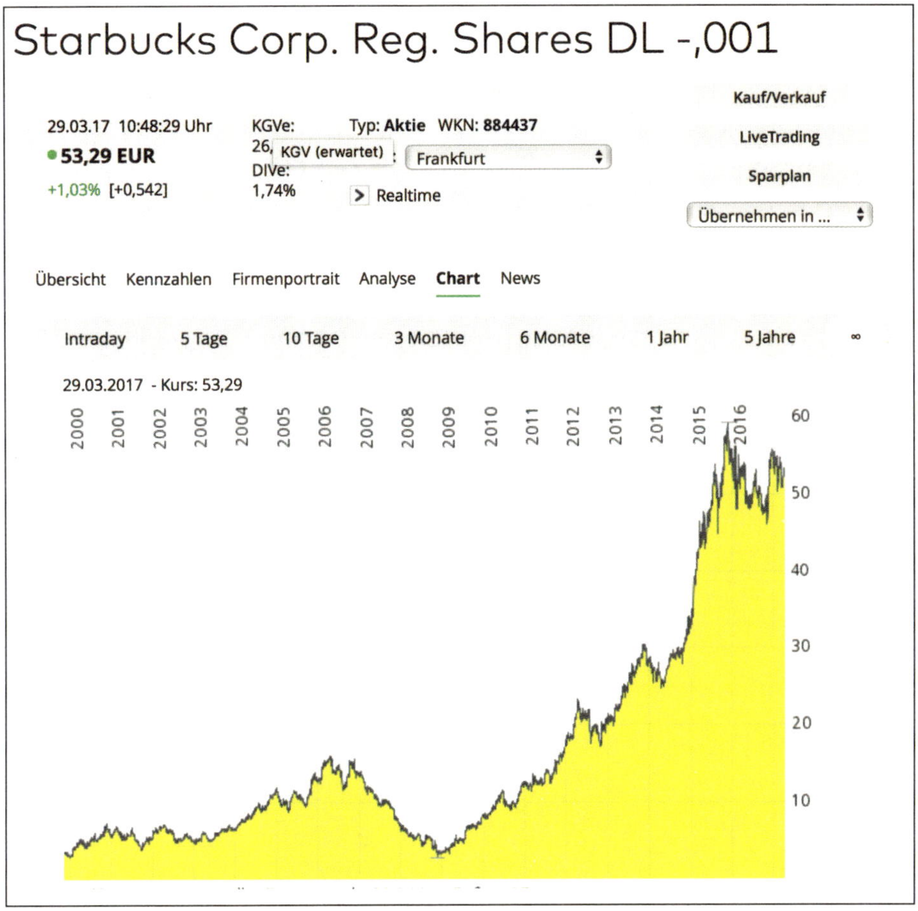

An was denken Sie, wenn Sie Starbucks hören? Richtig – an Kaffee. Die Firma Starbucks wurde übrigens bereits 1971 in Seattle gegründet. (Quelle: www.comdirect.de)

Sie sehen, dass Unternehmen, die mittlerweile in aller Munde sind, nur deshalb so bekannt sind, weil sie essenzielle Produkte erzeugen, die auf weltweite Nachfrage stoßen. Anleger, die an der Gewinnexplosion dieser Unternehmen teilhaben, freuen sich natürlich über einen Aktienkurs, der stetig gestiegen ist.

Konnte man eine Apple-Aktie beispielsweise 1993 noch für den Preis von weniger als 1 € erwerben, so ist sie mittlerweile zum Preis von etwa 130 €

zu bekommen. Sie sehen, dass sich die Apple-Aktie in den vergangenen 24 Jahren ver-130-facht hat. Ein Anleger, der seit 24 Jahren diese Aktien gehalten hat, ist ohne irgendein Zutun zu einem sehr wohlhabenden Menschen geworden: So wären aus 1.000 € im Laufe der Zeit 130.000 € geworden.

Aktiennotierte Unternehmen haben oftmals die zusätzliche positive Angewohnheit, dass ein Teil des Gewinnes als Dividenden an die Aktionäre ausgeschüttet wird. So erhalten Aktionäre deutscher Unternehmen wie Allianz, BMW, VW, Siemens, Bayer, BASF usw. einmal im Jahr Dividenden.

Name	Rendite in %	Dividende	Währung	Jahr
adidas AG	1,34	2,00	EUR	2016
Allianz	4,86	7,60	EUR	2016
BASF	3,41	3,00	EUR	2016
Bayer	2,73	2,70	EUR	2016
Beiersdorf AG	0,87	0,70	EUR	2016
BMW AG	*4,08	*3,45	EUR	2016
Commerzbank		0,00	EUR	2016
Continental AG	2,31	4,25	EUR	2016
Daimler AG	4,60	3,25	EUR	2016
Deutsche Bank AG	0,96	0,15	EUR	2016
Deutsche Börse AG	3,03	2,35	EUR	2016
Deutsche Lufthansa AG	4,06	0,50	EUR	2016
Deutsche Post AG	3,37	1,05	EUR	2016
Deutsche Telekom AG	3,68	0,60	EUR	2016
E.ON SE	3,13	0,21	EUR	2016
Fresenius Medical Care AG & Co. KGaA (FMC) St.	1,19	0,96	EUR	2016
Fresenius SE & Co. KGaA (St.)	0,81	0,60	EUR	2016
HeidelbergCement AG	1,80	1,60	EUR	2016
Henkel KGaA Vz.	1,43	1,62	EUR	2016
Infineon Technologies AG	1,39	0,22	EUR	2016
Linde AG	2,36	3,70	EUR	2016
Merck KGaA	1,21	1,20	EUR	2016
Münchener Rückversicherungs-Gesellschaft AG (vink. NA)	*4,86	*8,56	EUR	2016
ProSiebenSat.1 Media SE	5,19	1,90	EUR	2016
RWE AG St.		0,00	EUR	2016
SAP SE	1,46	1,21	EUR	2016
Siemens AG	3,45	3,60	EUR	2016
thyssenkrupp AG	0,71	0,15	EUR	2016
Volkswagen AG Vz. (VW AG)	1,54	2,06	EUR	2016
Vonovia SE (ehemals Deutsche Annington)	3,63	1,12	EUR	2016

* Schätzungen von Factset

Die Tabelle zeigt die Dividenden der DAX-Unternehmen im Jahr 2016. (Quelle: http://www.finanzen.net/index/DAX/Dividenden)

Hätten Sie im Jahr 2016 für 10.000 € Allianz-Papiere besessen, so hätten Sie eine Dividende in Höhe von 4,86 % (also 486 €) abzüglich Steuer ausgezahlt bekommen. Weitere Informationen zum Thema „Dividende“ erhalten Sie in Kapitel 3 ab Seite 86.

Es gibt auch amerikanische Unternehmen, die bisweilen bis zu viermal pro Jahr Dividenden ausschütten. Diese Dividenden können Sie als Anleger auf Ihrem Konto vereinnahmen und sich etwas Hübsches kaufen. Oder Sie können diese Dividende wieder in weitere frische Aktien der Firma reinvestieren.

Geschichte: Rente mit Dividendenzahlungen aufbessern

Darf ich Ihnen an dieser Stelle Alexander vorstellen? Alexander hat einen exakten Plan, wie er seine Rente mit Aktiendividenden aufbessern möchte. Seine Motivation ist schnell formuliert: Die Auszahlungen der gesetzlichen Rentenversicherung beim Renteneintrittsalter von 65 oder 67 Jahren reichen im Regelfall nicht aus, um den Lebensstandard aufrechterhalten zu können.

Was liegt näher, als die entstehende Rentenlücke mit Dividendenzahlungen zu schließen? Also müssen Aktiengesellschaften her, die verlässlich und kontinuierlich ihre Dividenden an Aktionäre ausschütten. Genau nach diesen Firmen hält Alexander Ausschau. Und – das ist der Grund, warum ich Ihnen Alexander vorstelle – er dokumentiert seine Investmententscheidungen auf der Webseite https://www.rente-mit-dividende.de.

Egal wie Sie es nun drehen und wenden: Wenn Sie weder eine Fülle an Geld haben, die Sie beispielsweise in sehr attraktive Immobilien stecken können, um diese mit einem hohen Wertzuwachs nach etlichen Jahren wieder verkaufen zu können, und wenn Sie weder ein Fußballgenie sind noch die Option haben, ein erfolgreiches Unternehmen zu gründen und zu leiten und ein Erbe ist nicht in Sicht, dann ist die Geldanlage in Aktien die einzig vernünftige und profitable Möglichkeit, um wohlhabend zu werden.

Denn Sie können bereits mit geringen Summen am Erfolg von weltweit agierenden und prosperierenden Firmen teilhaben. Zudem ist die Geldanlage in Aktien jederzeit einsehbar und überprüfbar. Sie kommen jeden Tag an Ihr Geld heran, sofern Sie es benötigen sollten.

Deshalb freue ich mich, Ihnen ab Kapitel 3 weitere spannende Details zur Geldanlage an der Börse aufzeigen zu dürfen.

1.3. Das liebe Finanzamt und Ihre Anlageprodukte

Lassen Sie uns diese eher unangenehme Sache diskutieren. Denn die steuerliche Last zehrt an der Rendite Ihres Anlageproduktes. In diesem Abschnitt finden Sie deshalb einige wichtige Informationen für deutsche Anleger, die sich jedoch jederzeit wieder ändern können (politische Rahmenbedingungen) und sich von Land zu Land unterscheiden. Es ist in jedem Fall ratsam, einen Steuerberater zu konsultieren, um Ihre individuelle Situation genau abzuklären.

1.3.1. Aktien

Bei Aktien werden Verluste mit Gewinnen verrechnet. Zudem können Sie einen Freibetrag geltend machen (pro Person in Deutschland derzeit 801 € je Jahr). Darüber hinaus wird ein Teil Ihres Gewinns direkt von der Bank via Abgeltungssteuer an das Finanzamt übertragen. Derzeit sind das 25 % vom Gewinn plus Soli und eventuell Kirchensteuer. Diese Regelung gilt für alle ab dem 1. Januar 2009 neu eingekauften Produkte. Hätten Sie Aktien vor diesem Datum gekauft, könnten Sie diese steuerfrei veräußern.

Ein Beispiel

- Haben Sie beispielsweise in diesem Jahr Ihr Portfolio aufgelöst (alle Werte wurden nach dem 1.1.2009 gekauft) und einen Gewinn von 250.000 € realisiert (Kaufkurs: 200.000 €; Depotwert: 450.000 €), dann können Sie zunächst Verluste aus früheren Jahren geltend machen (Verlustvortrag). Angenommen, Sie hätten im vergangenen Jahr eine Position *„glattgestellt"* (also verkauft) und wären mit einem Verlust von 30.000 € aus dem Investment ausgestiegen, dann ist Ihre aktuelle Steuerlast also 25 % vom Gewinn (ergo: 25 % * 250.000 € = 62 500 €) abzüglich eben des Verlustvortrages: Das ergibt eine fällige Steuerzahlung von 32.500 €.

- Haben Sie Steuern abgeführt, so können Sie am Ende des Jahres mit der Steuererklärung die Anlage KAP abgeben und so die Günstigerprüfung einleiten. Das Finanzamt vergleicht nun Ihren persönlichen Steuersatz mit den abgeführten Steuern und erstattet Ihnen unter Umständen wieder Geld zurück, sofern Ihr privater Steuersatz niedriger ist als die Pauschalbesteuerung von 25 %.
  Außerdem können Personen, die nicht einkommensteuerpflichtig sind (Kinder, Rentner, Studenten) eine Nichtveranlagungsbescheinigung beim Finanzamt einreichen.

- Ausbezahlte Dividenden unterliegen übrigens ebenso der Abgeltungssteuer.

1.3.2. Anleihen, ETFs und Investmentfonds

Bei Anlagen dieser Arten, die nach dem 31. Dezember 2008 erworben wurden, gilt für die laufenden Erträge sowie für die Veräußerungsgewinne das Abgeltungssteuergesetz. Verluste können wiederum mit Gewinnen sämtlicher Kapitalerträge (also Aktiengewinnen, Anleihegewinnen etc.) verrechnet werden.

1.3.3. Immobilien

Wenn Sie eine nicht selbst genutzte Immobilie bzw. ein Grundstück nach mehr als zehn Jahren seit dem Kaufvertrag veräußern, können Sie die Gewinne steuerfrei vereinnahmen. Innerhalb dieser zehn Jahre gelten die Gewinne jedoch als Spekulationsgewinne, und diese müssen regulär mit Ihrem persönlichen Steuersatz versteuert werden.

1.3.4. Kapitallebensversicherung

Ähnlich wie bei Immobilien können Sie Kapitellebensversicherungen in der Regel nach einer Frist von 12 Jahren ohne steuerliche Relevanz verkaufen, wenn Sie die Police vor dem 1. Januar 2005 abgeschlossen und mindestens fünf Jahre lang Beiträge eingezahlt haben.

Versicherungsverträge, die Sie nach dem 1. Januar 2005 unterzeichnet haben, sind grundsätzlich steuerpflichtig. Die Abgeltungsteuer fällt auf den Unterschiedsbetrag zwischen dem Kaufpreis der Police und der Summe der gezahlten Beiträge an. In keinem Fall müssen Sie den Erlös versteuern, wenn die insgesamt gezahlte Beitragssumme höher ist als der Kaufpreis Ihrer Police.

1.3.5. Gold

Wenn Sie Gold innerhalb eines Jahres verkaufen und einen höheren Veräußerungsgewinn als 600 € oder mehr erzielen, dann ist der Gewinn ebenfalls steuerpflichtig.

1.3.6. Beteiligungen aller Art

Hier kommt es auf die Konstruktion der Beteiligung an. Beteiligungen können sehr unterschiedlich gestaltet sein, und darum ist an dieser Stelle keine pauschale Antwort möglich.

Soweit in aller Kürze die aktuellen steuerlichen Regelungen im Jahr 2017. Nochmals an der Stelle der Hinweis, dass für verbindliche Aussagen zu Ihrer Situation die Hilfe eines Steuerberaters unerlässlich ist.

Zusammenfassung

- Die effektivste Möglichkeit, schnell reich zu werden, ist, reich zu heiraten. Achten Sie dabei auf einen guten Ehevertrag (Zugewinngemeinschaft oder Gütergemeinschaft).

- Eine gute Erbschaft ist ein zwar schmerzhaftes, aber sehr effektives Mittel, um wohlhabend zu werden.

- Werden Sie Popstar, Fußballchampion oder eine andere begehrte und international berühmte Persönlichkeit.

- Finanziell gesehen können Unternehmer oder Selbstständige grundsätzlich besser agieren als Angestellte. Durch den Status des Unternehmers ergeben sich ungleich attraktivere Wachstumsmöglichkeiten und Steuervergünstigungen.

- Sachwerte schlagen Geldwerte! Investieren Sie also Ihr Geld in Aktien, Immobilien und andere werthaltige Anlagen und nicht in Girokonten, Sparbücher, Kapitallebensversicherungen oder Anleihen.

- Achten Sie immer darauf, dass Sie genau verstehen, wie das Anlageprodukt funktioniert. Verstehen Sie das Konstrukt nicht, dann lassen Sie am besten die Finger davon.

- Zeit ist der wichtigste Faktor in Sachen Geldanlage. Nur so kann das Investment für Sie arbeiten. Hohe Gewinnversprechen in kürzester Zeit und Wunderprodukte, an denen nur die Vertriebsmaschinerie verdient, erweisen sich fast immer als Flops.

„Der Zinseszins ist das 8. Weltwunder.“

Albert Einstein

Kapitel 2
Der Anlagehorizont – das wichtigste Kriterium einer erfolgreichen Geldanlage

Es mag auf den ersten Blick seltsam klingen, aber egal für welche Geldanlage Sie sich entscheiden, der zeitliche Horizont, also die Dauer der Geldanlage bzw. der Investition, ist das absolut wichtigste Kriterium. Lernen Sie in diesem Kapitel, wie wichtig Zeit bei der erfolgreichen Geldanlage ist.

2.1. Zeit bzw. Anlagehorizont

Wenn Sie beispielsweise eine Immobilie erwerben und sie nach zehn Jahren wieder verkaufen, erhalten Sie sicherlich mehr Geld, als Sie beim Kauf ausgegeben haben – sofern die Immobilie in einem gefragten Ort liegt und in gutem Zustand ist.

Deutlich interessanter könnte es aber werden, das Objekt weitere zehn Jahre zu halten, sodass das Investment in der Summe dann zwanzig oder mehr Jahre besteht. Wenn Sie sich die Entwicklung der Immobilienpreise in Deutschland und in anderen Ländern ansehen, dann werden Sie erkennen, dass die Anlagedauer entscheidenden Einfluss darauf hat, wie ertragreich Ihre Investition war. Genauso sieht es mit anderen Anlageformen aus, egal ob es sich um einen Sparbrief, ein Sparbuch oder um ein Aktieninvestment handelt. Der Zeithorizont Ihrer Anlage entscheidet im Wesentlichen darüber, wie erfolgreich Ihr Investment gelaufen ist.

2.1.1. Die Macht des Zinseszinses

Damit Sie verstehen, warum die Anlagedauer das entscheidendste Kriterium ist, sind in der folgenden Tabelle verschiedene Zinseszins-Anlagen über eine Reihe von Jahren aufgelistet.

Haben Sie beispielsweise ein Sparbuch und erhalten darauf Zinsen, so werden diese erneut dem Sparbuch zugeführt – das Sparbuch ist damit ein Klassiker der Zinseszins-Anlage.

Immobilien oder Aktien bzw. andere Anlageformen haben keine kontinuierliche Verzinsung. Aber möglicherweise haben sie eine durchschnittliche Wertsteigerung. So kann es beispielsweise sein, dass eine Immobilie im Ort XY durchschnittlich um 3,5 % pro Jahr teurer wird. Dann können wir, über einen längeren Zeitraum betrachtet, tatsächlich auch von einer Art Zinseszins-Entwicklung dieser Anlage sprechen. Ebenso sieht es bei Aktien aus, die

sich nicht kontinuierlich von Jahr zu Jahr weiterentwickeln. Aktien unterliegen definitiv Schwankungen, aber hier kann man ebenfalls gemittelt im Rückblick über eine Reihe von Jahren eine Wertsteigerung per anno (je Jahr) berechnen und diese mit einer Zinseszins-Entwicklung vergleichen.
Die folgende Tabelle zeigt die Wertsteigerung für einige Prozentsätze, die über mehrere Dekaden hinweg erreicht wird:

Dauer	Jährliches Wachstum			
	2 %	4 %	6 %	8 %
10 Jahre	1,22	1,48	1,79	2,16
20 Jahre	1,49	2,19	3,21	4,66
30 Jahre	1,81	3,24	5,74	10,06
40 Jahre	2,21	4,80	10,29	21,72
50 Jahre	2,69	7,11	18,42	46,90
60 Jahre	3,28	10,52	32,99	101,26

Ich möchte mit Ihnen diese Tabelle etwas detaillierter diskutieren. Denn das Verständnis dieser Tabelle ist die Grundlage für Ihren Anlageerfolg.

Hinweis

Ich habe im Alter von 20 Jahren diese Tabelle zum ersten Mal gesehen und nachgerechnet, damals noch mit einem Taschenrechner. Heute geht das mit Excel (und der Verwendung der Zielwertsuche) oder mit einem Zinseszins-Rechner im Internet um Vieles schneller (z. B. http://zinseszinsrechner.biz). Als ich das Prinzip verstanden hatte, wurden mir einige Dinge deutlich klarer, nämlich dass es

a) darum geht, möglichst lange eine Geldanlage für sich arbeiten zu lassen und

b) eine Geldanlage zu finden, die möglichst viel Ertrag bringt.

Aber nun wieder zurück zur vorigen Tabelle: Angenommen, Sie hätten eine Anlage mit einer durchschnittlichen Steigerung von 4 % pro Jahr, dann würde sich nach einem Zeitraum von 40 Jahren der Wert Ihrer Anlage exakt 4,8-facht haben, also knapp fünfmal so hoch wie jetzt sein. Hätte Ihre Anlage hingegen eine Wertsteigerung von im Schnitt 6 % je Jahr, würden Sie nach 40 Jahren mehr als eine Verzehnfachung Ihres Anlagevermögens erreichen.

Um es noch einmal zu betonen: Diese Tabelle ist generell gültig, unabhängig davon, ob es sich um eine Immobilienanlage, ein Sparbuch, ein Sparzertifikat oder eine Aktienanlage handelt. Und noch etwas extrem Wichtiges können Sie aus dieser Tabelle herauslesen:

Betrachten Sie einmal die Spalte mit 8 % Zins p.a. genauer. Sie sehen, dass sich Ihr Anlagevermögen nach zehn Jahren etwas mehr als verdoppelt hat (exakt 2,16-fach). Nach 20 Jahren haben Sie genau das 4,66-Fache Ihrer Einlage durch den Zinseszins-Effekt erhalten. Das bedeutet, dass Ihnen die Anlagedauerdifferenz von nur zehn Jahren weit mehr als eine Verdopplung Ihres Anlageerfolgs beschert. Wenn Sie die Spalte mit 8 % genauer betrachten, sehen Sie, dass es in diesem Tempo weitergeht. Nach 30 Jahren haben Sie wieder etwas mehr als doppelt so viel wie nach 20 Jahren, und dito nach 40, 50 und 60 Jahren. Bei 8 % je Jahr erhalten Sie, jeweils in der 10-Jahresspanne gesehen, immer etwas mehr als eine Verdopplung Ihres Vermögens.

Kernaussagen

Ergo komme ich noch einmal auf die zwei Kernaussagen zurück, die ich Ihnen vorhin schon genannt habe:

1. Je länger eine Anlage läuft, desto höher wird ihr Ertrag sein.
2. Nach 40 Jahren bei einer durchschnittlichen Rendite von 8 % pro Jahr wird sich Ihr Anlagevermögen circa verzwanzigfacht haben, wogegen Sie bei 2 % lediglich auf den gut doppelten Betrag Ihres Eingangsvermögens kommen. Daher ist es wichtig, Geldanlagen zu suchen, die eine akzeptable jährliche Performance liefern.

2.1.2. Die 72er-Faustformel

Damit Sie den Zinseszins-Effekt für unterschiedliche Prozentsätze schneller berechnen können, habe ich Ihnen die folgende Tabelle zusammengestellt:

Zins bzw. Wertsteigerung pro Jahr	Anzahl der Jahre bis zur Verdopplung
1 %	72 Jahre
2 %	36 Jahre
3 %	24 Jahre
4 %	18 Jahre
5 %	14 Jahre und 5 Monate
6 %	12 Jahre
7 %	10 Jahre und 3,5 Monate
8 %	9 Jahre
9 %	8 Jahre
10 %	7 Jahre und 2,5 Monate

Wie wurden die Werte dieser Tabelle errechnet? Ganz einfach: Nehmen Sie die Zahl 72 und teilen Sie diese durch den Prozentwert – also beispielsweise 72 : 6 = 12. Bei einer jährlichen Wertsteigerung von 6 % dauert es demzufolge 12 Jahre, bis sich der Wert verdoppelt hat. Würden Sie hingegen eine jährliche Wertsteigerung von nur 2 % erzielen, zieht es sich es immerhin 36 Jahre hin, bis sich der Wert Ihrer Anlage verdoppelt hat.

2.1.2.1. Für alle, die es genauer wissen möchten

Wenn Sie die Berechnungen exakt nachprüfen wollen, können Sie die folgenden Formeln verwenden. Notwendig hierfür sind mathematische Kenntnisse über Logarithmus- und Potenzgesetze. Sie können das gerne bei Interesse nachrechnen. In der Summe ist es aber ausreichend, wenn Sie die 72er-Regel verstanden haben.

Rechnen mit dem Logarithmus

Fragestellung
Wie lange dauert es bei einer jährlichen 4%igen Wertsteigerung, bis sich der Betrag verdoppelt hat?

Antwort
4 % per anno -> $2 = 1{,}04^x$

Erklärung Die Ziffer 2 repräsentiert die Verdopplung (also 200 %), 1,04 entspricht dem Zinssatz von 100 % + 4 % nach Ablauf eines Jahres und x steht für die Dauer der Anlage in Jahren.

Ergebnis Umgestellt nach der Dauer ergibt sich
x = ln 2 / ln 1,04 = 17,67 Jahre, also ca. 18 Jahre.
(„ln" steht für den natürlichen Logarithmus.)

Auch folgende Frage kann mit etwas mathematischem Geschick beantwortet werden:

Fragestellung
Nach wie vielen Jahren hat sich die Geldanlage bei einer durchschnittlichen Rendite von 5,6 % vervierfacht?

Antwort Die dazugehörige Formel sieht wie folgt aus:
$4 = 1{,}056^x$ ($400\ \% = 105{,}6\ \%^x$)

Ergebnis x = ln 4 / ln 1,056 = 25,44 Jahre

Hinweis Statt des natürlichen Logarithmus kann man auch den log10 – also den Logarithmus zur Basis 10 verwenden. Dann sieht die Formel so aus:
x = log10 (4) / log10 (1,056) = 25,44 Jahre
Auch auf diesem Weg kommen Sie auf 25 Jahre und ca. 5 Monate.

Rechnen mit den Potenzrechengesetzen

Fragestellung
Welche jährliche Wertsteigerung benötige ich, um in 30 Jahren das Vierfache meines eingesetzten Kapitals zu erhalten?

Antwort
Die Formel gestaltet sich folgendermaßen:
$4 = x^{30}$

Stellen Sie nun die Formel wie folgt um:
$4^{1/30} = x$

Hinweis Verwenden Sie hierzu auf Ihrem Taschenrechner die Taste x^y.

Ergebnis Als Ergebnis erhalten Sie: x = 1,0473.
Das bedeutet: Sie benötigen eine Geldanlage, die Ihnen eine Wertsteigerung von 4,73 % pro Jahr bringen kann.

Anbei einige weitere Zahlenbeispiele:

Zeitdauer in Jahren	Ergebnis	notwendiger Zuwachs in % per anno
10	2-fach	7,2 %
10	3-fach	11,6 %
20	4-fach	7,2 %
30	4-fach	4,7 %
30	6-fach	6,2 %
40	8-fach	5,3 %
40	10-fach	5,9 %
40	15-fach	7,0 %
40	25-fach	8,4 %

Soll sich Ihr eingesetztes Kapitel nach 20 Jahren vervierfachen, dann benötigen Sie eine Anlage, die Ihnen einen Zuwachs von 7,2 % bringt. Soll nach 40 Jahren Ihr Geld sich verzehnfacht haben, dann sind hierfür 5,9 % jährlicher Zuwachs notwendig.

Je höher die jährliche Durchschnittsrendite ist, umso schneller steigt Ihr Vermögen. Sie können es exakt berechnen, indem Sie, wie oben erklärt, mit dem Logarithmus arbeiten. Sie werden dabei feststellen, dass die Übersichtstabelle nicht in allen Belangen der exakten Berechnung standhält. Fürs grobe Überschlagen ist diese 72er-Faustformel aber nicht nur für Sie, sondern für Vermögensberater und Banker seit vielen Jahren eine wertvolle Hilfe.

Noch einfacher haben Sie es mit dem Sparrechner: Auf der Webseite http://www.zinsen-berechnen.de/sparrechner.php können Sie in Sekundenschnelle alle möglichen Ergebnisse abfragen.

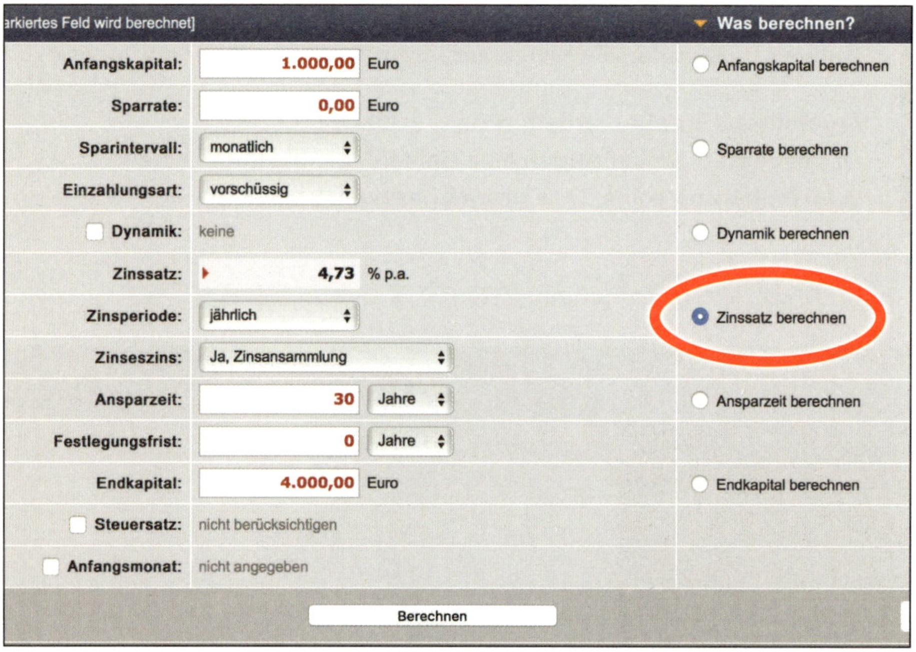

„Welchen Zinssatz benötige ich, um in 30 Jahren mein Kapitel zu vervierfachen?" Geben Sie hierzu die Ansparzeit, das End- sowie Ihr Anfangskapital ein und lassen Sie den Zinssatz berechnen. (Quelle: http://www.zinsen-berechnen.de/sparrechner.php)

2.2. Historische Daten

Nachdem wir uns die Macht des Zinseszinses genauer angesehen haben, ist es nun an der Zeit, beispielhafte historische Daten zu betrachten, um die Wertsteigerungen von einzelnen Aktien bzw. von Indizes wie z. B. des Dow Jones oder des DAX zu untersuchen.

Die folgende Tabelle liefert die Eckdaten zum Dow Jones 30 Industrial:

Stand April 2017 20.700 Punkte	Indexstand in Punkten	Ø Wertsteigerung pro Jahr in % bis 2017
Januar 1985	1.270	9,1 %
Januar 1990	2.650	7,9 %
Januar 1995	3.900	7,9 %
Januar 2000	11.400	3,6 %
Januar 2005	10.500	5,8 %
Januar 2010	10.500	10,1 %
Januar 2015	17.600	8,4 %

Im Vergleich dazu sehen Sie die Wertsteigerung des Dax Performance Index:

Stand April 2017 12.250 Punkte	Indexstand in Punkten	Ø Wertsteigerung pro Jahr in % bis 2017
Januar 1990	1.800	7,4 %
Januar 1995	2.060	8,4 %
Januar 2000	6.700	3,6 %
Januar 2005	4.250	9,2 %
Januar 2010	5.700	11,5 %
Januar 2015	10.300	9,1 %

Wie Sie den beiden Tabellen entnehmen können, hat sich z. B. der Dow Jones, der im April 2017 bei etwa 20.700 Punkten stand, seit dem Januar 1985 von 1.270 Punkten damit im Schnitt um ca. 9 % pro Jahr entwickelt.

Am schlechtesten fällt beim Dow Jones – genauso übrigens wie beim DAX – die Wertsteigerung seit dem Januar 2000 aus: Beim Dow Jones haben wir eine jährliche Wertsteigerung von 3,6 % und beim DAX ebenso. Sie erinnern sich sicherlich an die Börsenhöchststände aus dem Jahr 2000, die dann erst nach einigen Jahren erneut erreicht wurden. Deshalb zeigen die Indizes für die letzten 16 Jahre ein relativ geringes Pro-Jahr-Wachstum auf.

Wenn Sie sich in Bezug auf den Deutschen Aktienindex (kurz DAX genannt) noch genauer informieren möchten, sollten Sie sich das sogenannte Dax-Rendite-Dreieck anschauen, das das Deutsche Aktieninstitut (https://www.dai.de) erstellt hat. Der aktuelle Flyer für den Zeitraum 1967–2016 liegt diesem Buch bei und kann nach Belieben von Ihnen verwendet werden.

In diesem Rendite-Dreieck sehen Sie für die verschiedensten Laufzeiten die Pro-anno-Rendite einer DAX-Geldanlage. Hätten Sie also beispielsweise Ende 1995 einen DAX-ETF erworben und diesen bis zum Ende des Jahres 2010 gehalten, so hätte sich diese Anlage mit 7,8 % Rendite pro Jahr entwickelt. Aus dort angelegten 10.000 € wären so in 15 Jahren ca. 31.000 € geworden.

Noch ein Beispiel gefällig? Der DAX hat sich beispielsweise von 1990 bis Ende 2016 mit einem jährlichen Zuwachs von 8,4 % vorwärtsbewegt. Aus 10.000 € hätten Sie so in 26 Jahren ca. 81.500 € erzielt – und das trotz all der Krisen in diesem Zeitraum. Den DAX-Verlauf sehen Sie übrigens auf der Rückseite des Rendite-Dreiecks.

Nochmals kurz zurück zum Rendite-Dreieck: In der Summe erkennen Sie bereits auf den ersten Blick die Übermacht der grün dargestellten Jahresrenditen. Schlechte Jahre sind hellrot oder sogar dunkelrot eingefärbt. So erkennen Sie auf einen Blick die Desasterjahre 2000 bis 2003 sowie die Krisen in den Jahren 2009 und 2011. Und je dunkelgrüner die Farbe ist, desto ertragreicher hat sich die Börse entwickelt.

Aber nicht nur ein Index – wie DAX oder Dow Jones – kann historisch nachverfolgt werden und mit einer jährlichen Wertsteigerung berechnet werden, auch Unternehmensaktien, die bereits seit Längerem an der Börse notiert werden, verfügen über eine Reihe von historischen Wertentwicklungsdaten.

Unternehmen	Stand Januar 1995	Stand Januar 2016	Ø Per-anno-Wertentwicklung
Apple*	1,4 $	108 $	23 %
Microsoft*	3,75 $	55 $	14 %
IBM	15 $	132 $	11 %
BMW	15 €	98 €	9 %
Daimler	39 €	77 €	3 %
Adidas	17 €	90 €	8 %
Bayer	18 €	116 €	9 %
Volkswagen	28 €	135 €	8 %
Münchner Rück	89 €	185 €	3 %
Allianz	125 €	163 €	1 %

(*Aktiensplits wurden berücksichtigt.)

In dieser Tabelle habe ich einfach einige – sicherlich Ihnen bekannte – Unternehmen aufgelistet und für einen Zeitraum von 21 Jahren beobachtet. In der Tabelle wird der Aktienwert von Januar 1995 mit dem Wert von Januar 2016 verglichen und die jährliche Wertsteigerung in Prozent dazu notiert.

Sie erkennen daran, dass es enorm starke Titel (wie Apple oder Microsoft) gibt, die mit deutlich zweistelliger jährlicher Wertsteigerung für den Anleger eine sehr ansehnliche Rendite erwirtschaften. Das Schlusslicht dieser Tabelle bildet die Allianz-Aktie, die sich seit dem Januar 1995 (125 € je Aktie) bis zum Wert vom Januar 2016 (163 €) mit nur einem Prozent (1 %) Wertsteigerung je Jahr entwickelt hat.

Was allerdings in der Tabelle nicht berücksichtigt wurde, sind die Dividendenausschüttungen der Unternehmen. Hier wiederum kann die Allianz punkten, die seit Jahren kontinuierlich jährlich um die 4 % Dividende an die Anleger ausschütten konnte. Sie erkennen daraus, dass neben dem Anlagehorizont, also der Zeitdauer Ihres Engagements, die Auswahl des Wertes eine sehr entscheidende Rolle für Ihren Erfolg spielt. Wie Sie performante Werte finden und für welche Produkte Sie sich entscheiden sollen, werden Sie in Kapitel 4 detaillierter sehen.

Die Geldanlageeschichten meines Freundes Georg
Geschichte I

Ich habe einen guten Freund, der mich seit Studientagen begleitet und in Sachen Geld deshalb mit mir schon einige Jahre verlebt hat – in dem Sinne, dass wir immer wieder über das Thema gesprochen haben. Das erste Gespräch hatten wir, als wir im Jahr 1988 beide etwa 20 Jahre alt waren. Wir studierten gemeinsam Physik, und in den Mathematikvorlesungen des 4. Semesters wurden die sogenannten Taylor-Reihen besprochen.

Wenn man davon ausgeht, dass man beispielsweise 1.000 € hat, diese für ein Jahr anlegt und 4 % Zinsen bekommt, dann hat man am Ende des ersten Jahres ein Vermögen von 1040 €. Lässt man nun dieses Kapital auch noch ein zweites Jahr für sich arbeiten und kassiert erneut 4 % Verzinsung per anno, dann werden nun 1040 € mit 4 % verzinst, sodass das Ergebnis nach dem 2. Jahr 1081,60 € ist.

Wenn man diese Entwicklung über weitere Jahre fortsetzt, ist die Rechenmethode Taylor-Reihe eine adäquate Möglichkeit, um das Endergebnis nach 10, 20, 30, 40 Jahren etc. zu berechnen. Hätte man Betriebswirtschaft studiert, würde man dieses Rechenverfahren Zinseszins nennen. Natürlich haben wir im Rahmen des Physikstudiums nicht über die Entwicklung von Geld gesprochen, sondern über abstrakte mathematische Konstrukte, die mit Taylor-Reihen gelöst werden sollten.

Eines Abends habe ich dann, wie soeben erläutert, diese Taylor-Reihen-Konstruktion im Bereich Geldanlage verwendet und stellte dabei überrascht fest, dass der Geldbetrag nach 10, 20, 30, 40 Jahren durch diese kontinuierliche Verzinsung und den Effekt des Zinseszinses enorm anwächst. Würde man das Wachstum grafisch darstellen, würde es sich in Form einer exponentiellen Funktion darstellen lassen.

Folgendes erzählte ich dann meinem Freund und Studienkollegen Georg:

„Mensch Georg, ich habe erkannt, dass Geldanlage dann einen Sinn macht, wenn der Zeithorizont möglichst groß ist!“ Denn wenn die Anspardauer 30, 40 oder mehr Jahre beträgt, ist die Wahrscheinlichkeit, dass das Vermögen stark anwächst, sehr hoch.

Aber Georg sagte: *„Wo sollen wir das Geld denn hernehmen? Wir studieren beide, wir brauchen jeden Pfennig für unser monatliches Auskommen.“*

„Ja, das stimmt.“ entgegnete ich. *„Aber ich denke, auch als Studierender muss es möglich sein, jeden Monat ein bisschen Geld als Sparbetrag beiseite zu legen“*. Um meinen Freund zu überzeugen, machte ich mich an die Arbeit und errechnete, wie viel Geld beispielsweise bei einem monatlichen Ansparbetrag von nur 100 DM mit 5 % auf die Dauer von 40 Jahren zusammenkommen würden.

Monatliche Sparrate:	100
Verzinsung je Jahr:	5 %
Insgesamt angesparter Betrag:	48.000
Endkapital inkl. Zinseszins	148.885

Als ich das Ergebnis berechnet und nochmals überprüft hatte, besprach ich es mit Georg und sagte: *„Ich glaube, es macht Sinn, bereits jetzt mit geringen Beträgen zu starten, um später, in einigen Jahrzehnten, auf ein hübsches Sümmchen zurückgreifen zu können.“* Georg entgegnete: *„Du magst sicher recht haben, aber ich denke, ich hebe mir das Sparen bis nach dem Studium auf, wo ich Geld verdiene und dann so richtig mit dem Ansparen beginnen kann.“...*

Geschichte 2

Als wir, Georg und ich, mit unserem Studium fertig waren, haben wir beide begonnen, Geld zu verdienen. Im Gegensatz zu mir hatte Georg eine sehr lukrative Festanstellung bei einer Unternehmensberatung. Ich hingegen kämpfte mich als Selbstständiger durch, versuchte Aufträge zu bekommen und wusste immer nur auf wenige Wochen im Voraus, was an Arbeit anstand.

Georg war finanziell gesehen deutlich besser gestellt als ich. Eines Abends, als wir wieder einmal miteinander telefonierten, sprach ich ihn auf unser Geldgespräch vor einigen Jahren während unseres Studiums an und sagte zu ihm: *„Georg, du hattest damals gesagt, dass Geldansparen eine wichtige Geschichte für deinen langfristigen Vermögensaufbau sei. Jetzt, da du Geld verdienst, wäre es doch an der Zeit, Geld anzusparen."* Daraufhin entgegnete Georg: *„Jaja, grundsätzlich hast du schon recht. Aber wie du ja weißt: Studienjahre sind harte Jahre, und ich bin froh, dass ich nun Geld verdiene. Ich kann mir ein schönes Auto leisten und eine größere Wohnung beziehen. Nein, lass mal gut sein. Die ersten Groschen, die ich nun verdiene, die will ich verleben, denn dafür habe ich doch damals studiert und Entbehrungen auf mich genommen."*

Geschichte 3

Als mein ehemaliger Studienkollege Georg dann etwa 33 Jahre alt war, wollte er sich gemeinsam mit seiner Freundin eine Immobilie zulegen. Da Georg beruflich im Dunstkreis von München engagiert war, sollte es auch dort eine Wohnung oder vielleicht sogar ein kleines Häuschen sein.

Nun ist ja allseits bekannt, dass die Immobilienpreise im Großraum München nicht gerade mickrig sind. So ging auch Georg damals zum Banker seines Vertrauens. Er hatte sich eine Wohnung auserkoren, die etwa 400.000 € (umgerechneter DM-Preis) kosten sollte. So weit, so gut. Georg hatte eine gute Anstellung und verdiente ein sehr anständiges Gehalt. Für die Finanzierung allerdings, so sagte der Banker, müsse in jedem Fall ein Eigenanteil vorhanden sein. Er denke dabei daran, 75 % des Objektes zu finanzieren und 25 % Eigenleistung einkalkulieren zu wollen.

Nun sind nach Adam Riese 25 % von 400.000 € genau 100.000 €. Am Abend desselben Tages ging Georg zum Telefon und rief mich an. Er sagte: *„Mensch, Anton, du kennst dich doch an der Börse aus ...“* – wir schrieben das Jahr 1999, als die Aktienkurse rasant in die Höhe kletterten – *„Hast du nicht einen Tipp für eine Anlage, mit der ich in sehr, sehr kurzer Zeit 100.000 € erzielen kann?“* Ich lachte kurz ins Telefon und sagte zu ihm: *„Georg, 100.000 € an der Börse zu erwirtschaften ist sicher denkbar und machbar, aber der wichtigste Faktor beim Ansparen ist der Faktor Zeit und dann natürlich der Faktor Anlageprodukt. Um in möglichst kurzer Zeit so viel durch Spekulation zu gewinnen, muss ein hohes Risiko eingegangen werden. Und dieses Risiko kann natürlich ebenso nach hinten losgehen, und du kannst in kürzester Zeit sehr viel Geld verlieren. Ich rate dir, zumal du noch wenig Erfahrung in diesem Bereich hast, die Sache langfristiger und mit etwas mehr Sicherheit anzugehen. Also 100.000 € in wenigen Tagen, Wochen oder Monaten – vergiss es, da musst du schon in Jahren rechnen!“*

Geschichte 4

Als Georg ungefähr 40 Jahre alt war, stand es nicht gut um ihn. Die Ehe war zerbrochen, man konnte sich halbwegs gütlich einigen. Auch der ehemals lukrative Job in einer Unternehmensberatung war dahin. Georg wurde arbeitslos, war mit knapp 40 Jahren wieder Single, und nun bestand überhaupt keine Aussicht mehr darauf, nebenbei noch ein wenig Geld anzusparen.

Als ich ihn einmal darauf ansprach, ob er denn in den letzten Jahren, als er gut verdient und ein stabiles Doppeleinkommen mit seiner Frau gehabt hatte, Geld beiseitelegen konnte, da antwortete er: *„Nein, das hat nicht geklappt. Wir haben auf eine größere Mietwohnung hin gespart, haben einen gemeinsamen Hausstand eingerichtet, Möbel gekauft. Da ist viel Geld draufgegangen. Und, Anton, was soll ich dir sagen, auch eine Scheidung kostet verdammt noch mal viel Geld. Ein wenig ist davon übrig geblieben, sodass ich jetzt in der Zeit der Arbeitslosigkeit noch ein kleines Töpfchen habe, aus dem ich mir das eine oder andere gönnen kann."*

Geschichte 5

Während ich dieses Buch schreibe, feiert Georg seinen 50. Geburtstag. Bis zur Pensionierung sind es nur noch ungefähr 15 bis 17 Jahre. Deswegen fragte ich ihn neulich: *„Mensch, Georg, wie sieht es aus? Du bist seit etlichen Jahren wieder in Lohn und Arbeit. Zudem hast du eine neue Beziehung gefunden. Ihr habt euch ein neues Heim eingerichtet. Ihr habt geheiratet. Ihr verdient beide Geld. Ich denke, du hast jetzt bestimmt begonnen, für die Zeit der Pensionierung noch etwas zusätzliches Geld anzusparen. Wie du sicherlich weißt, liegt die durchschnittliche Rentenhöhe in den alten Bundesländern Deutschlands bei etwa 1.300 € im Monat* (vorausgesetzt, es wurden

45 Jahre lang unterbrechungsfrei Beiträge einbezahlt!). *Du wohnst noch immer im Raum München und du weißt, wie teuer das Leben ist. Hast du jetzt schon begonnen, Geld für dein Alter zurückzulegen?"* Georg antwortete prompt und sagte: „*Nein, wie immer hast du recht. Eigentlich sollte ich es tun. Aber, was soll ich sagen? Es waren sehr turbulente zehn Jahre. Ich konnte eine neue Beziehung finden. Wir haben uns ein neues Leben aufgebaut. Meine Frau war zeitweise arbeitslos, sodass ich mit meinem Gehalt unser beider Leben finanzieren musste. Es blieb leider nur wenig Spielraum, um den einen oder anderen Cent auf die Seite zu legen. Ich arbeite als Projektleiter sehr hart und mache sehr viele Überstunden. Deshalb gönnen wir uns zweimal im Jahr einen wirklich schönen, aber auch luxuriösen und damit teuren Urlaub. Aber das will ich so, denn du weißt ja: Man lebt nur einmal!"...*

2.3. Spielverderber Inflation

Wie Sie sicher am eigenen Portemonnaie mitbekommen, steigen die Verbraucherpreise im Laufe der Zeit sukzessive an. Genaue Daten hierzu finden Sie z. B. im Internet unter www.inflation-deutschland.de.

Dort informiert das Statistische Bundesamt darüber, wie sich der Verbraucherpreis-Index über die Jahre hinweg verändert hat. Selbst aus der eigenen Praxis wissen Sie, dass heute 1 Kilo Brot deutlich mehr kostet als vielleicht vor zehn oder zwanzig Jahren. Auch das Feierabendbier ist im Jahr 2017 um einiges teurer als z. B. noch 1990.

Die sogenannte Inflationsrate, die dazu führt, dass Sie für Ihr Geld im Grunde genommen immer weniger an Gegenwert bekommen, schmälert natürlich den Ertrag Ihrer Wertanlage. Wenn Sie zum Beispiel 1990 in eine

Geldanlage bis zum Jahr 2017 investiert haben, die ihr nominales Vermögen verdoppelt hat, frisst die Inflation einen Großteil Ihres Ertrages wieder auf.

Angenommen, wir hätten eine durchschnittliche Inflationsrate von 2 %, dann bedeutet dies gemäß der 72er-Regel, die Sie bereits kennengelernt haben, dass Sie nach 36 Jahren für die gleiche Ware doppelt so viel Geld hinlegen müssen. Erreicht die Inflationsrate gar 3 %, ist bereits nach 20 Jahren mit einer Verdoppelung des Warenwertes zu rechnen. Damit ist eine Tatsache für Sie als Geldanleger unumgänglich: Sie müssen mit Ihrer Geldanlage mehr Rendite erwirtschaften, als die Inflation Ihnen auf der anderen Seite wieder wegnimmt.

Wenn Sie also mit einer durchschnittlichen Inflationsrate von 2 bis 3 % rechnen, muss Ihre Geldanlage in jedem Fall 3 % erwirtschaften, damit Ihr Vermögen am Ende geringfügig nominell angewachsen ist.

Allerdings gibt es eine Reihe von Geldanlagen, die oftmals leider nicht mit der Inflationsrate Schritt halten können. Klassischerweise sind Sparbücher oder Sparbriefe häufig auf der Höhe der Inflationsrate und bisweilen sogar schlechter. Ebenfalls sehr schlecht schneiden Kapitallebensversicherungen ab.

Besser als die Inflationsrate verhalten sich Geldanlagen, die in Sachwerte investieren. Da sind natürlich Immobilien zu nennen, aber ebenso Aktien. Denn bei Letzteren erwerben Sie einen Teil eines Unternehmens. Sobald nun die Inflationsrate das Geld entwertet, werden im Gegenzug dazu Sachen oder Dinge teurer. Da eine Aktie eine Beteiligung an Firmengebäuden etc. ist, wird dadurch der Wert des Unternehmens natürlicherweise steigen. Aktien und Immobilien sind damit ein recht brauchbarer Schutz vor Inflation.

Zusammenfassung

- Machen Sie sich mit der Zins- und Zinseszins-Berechnung vertraut. Je mehr Wertsteigerung Sie bekommen, desto kürzer ist die Laufzeit, in der sich Ihr Vermögen verdoppelt.
- Was ist der Unterschied von 4 % zu 8 %? Eigentlich sind 8 % das Doppelte von 4 % – aber auf 40 Jahre gesehen, ist der Unterschied schon das Fünffache und auf 60 Jahre gar das Zehnfache.
- Und: Je länger Sie einer Geldanlage Zeit geben, desto mehr Ertrag bekommen Sie. Denn 40 Jahre sind nicht zweimal so viel wie 20 Jahre; bei 7 % jährlicher Wertsteigerung sind 40 Jahre circa viermal so viel wie 20 Jahre (+ 387 % versus + 1497 %)!
- Wertanlagen, die die Inflationsrate nicht schlagen, sind nichts wert. So frisst die Inflation unter Umständen die komplette Wertsteigerung auf. Suchen Sie nach Sachwerten wie Immobilien oder Aktien, die die Inflation schlagen.
- Fangen Sie so früh wie nur irgend möglich an, zu sparen. Reden Sie sich nicht damit heraus, Sie könnten nichts weglegen. Ist das Geld noch so knapp, 50 € in der Studienzeit oder in der Lehrzeit gehen immer, und vergessen Sie nicht, die Rate zu erhöhen, sobald es Ihnen finanziell besser geht. Sie haben in diesem Kapitel gelernt, dass eben auch kleine Beträge in der Jugendzeit zu großen Summen im Alter werden können.

„An der Börse sind 2 mal 2 niemals 4, sondern 5 minus 1. Man muss nur die Nerven haben, das minus 1 auszuhalten.“

André Kostolany

Kapitel 3 Anlagestrategien für die Börse

In diesem Kapitel sehen wir uns verschiedene Anlagestrategien mit ihren Vor- und Nachteilen an. Sie erfahren, was es mit „Buy and hold" auf sich hat, warum der Mai ein besonderer Monat für Ihr Geld ist, was der Cost-Average Effekt bewirkt und warum es, wie wohl immer im Leben, auf das richtige Timing ankommt.

3.1. Buy and hold

Wie der Name bereits sagt, kaufen Sie bei *Buy and hold* einen Wert und behalten diesen Wert – unabhängig davon, ob es Neuheiten gibt, die Sie dazu veranlassen könnten, den Wert nachzukaufen oder zu verkaufen. Die Buy-and-hold-Strategie ist die einfachste Anlagestrategie. Wenn Sie beispielsweise eine Kapitallebensversicherung erwerben, ist das eigentlich eine Buy-and-Hold-Strategie. Sie gehen einen Vertrag über einen Zeitraum von 20 bis 30 Jahren ein. Im Regelfall werden Sie diesen Vertrag sukzessive besparen.

Wenn Sie nun Aktien, ETFs oder Investmentfonds (siehe auch Kapitel 4) erwerben, können Sie diese kaufen und halten, aber natürlich ebenso monatlich besparen. Beim monatlichen Besparen gibt es noch einige sehr interessante Effekte, die ich im Abschnitt „Der Cost-Average-Effekt" genauer erläutern werde.

Kommen wir zurück zur Buy-and-hold-Strategie. Stellen Sie sich Folgendes vor: Sie haben im Januar des Jahres 1990 den Betrag von 10.000 € in einem DAX-ETF angelegt. Der DAX stand damals bei einem Zählerstand von etwa 1.800 Punkten. 27 Jahre später, im März des Jahres 2017, steht der DAX bei etwa 12.000 Punkten. Hätten Sie in all diesen Jahren diesen ETF behalten, so wären aus den 10.000 € circa 67.000 € geworden. Sie hätten Ihr Geld nahezu versiebenfacht.

Hätten Sie Ihr Geld im Jahr 1990 in einem Produkt angelegt, das den Dow Jones abbildet, und zwar exakt den *Dow Jones 30 Industrial*, dann wäre Ihre Geldanlage von einem Zählerstand von 2.650 Punkten auf etwa aktuell mehr als 20.000 Punkte gestiegen. Das bedeutet, Sie hätten Ihr Geld etwa verachtfacht. Der Dow Jones 30 Industrial hat über den Zeitraum der letzten 27 Jahre eine bessere Performance an den Tag gelegt hat als der DAX.

Und – das soll nicht unerwähnt bleiben – diese knapp drei Jahrzehnte, die seit 1990 hinter uns liegen, waren extrem volatile Zeiten an den Börsen. Erinnern Sie sich noch an den ungemeinen Höhenflug um die Jahrtausendwende und an den jähen Absturz bis zum Jahr 2003?

Oder erinnern Sie sich noch an die Krisen in den Jahren 2008 und 2011/2012? Die letzten Börsenjahre von April 2015 bis 2017 waren für den Anleger ebenfalls nicht besonders lukrativ. In diesen zwei Jahren ist beispielsweise der DAX seit April 2015 bei einem Höchststand von etwa 12.300 Punkten bis März 2017 bei einem Stand von etwa 12.000 Punkten schlichtweg seitwärts gelaufen, und Sie hätten Ihr Geld bis dato nicht vermehrt. Zudem hätten Sie Index-Tiefstände des DAX von bis zu 8.700 Punkten erleiden müssen (Februar 2016). Sie sehen also, die Buy-and-hold-Strategie kann durchaus eine sehr nervenaufreibende Angelegenheit sein, die es auszuhalten gilt.

3.1.1. Recherche über das Internet

Wenn Sie Aktienwerte oder Index-Werte langfristig betrachten wollen, dann empfehle ich Ihnen, hierfür das Internet zu verwenden. Es gibt eine Reihe von Internetseiten, auf denen Sie die Charts Ihrer Werte begutachten können. Ich empfehle Ihnen die Webseite von **comdirect.de**. Rufen Sie beispielsweise diese Seite auf und geben Sie im oberen Bereich bei *Kurssuche* beispielsweise „DAX“ ein.

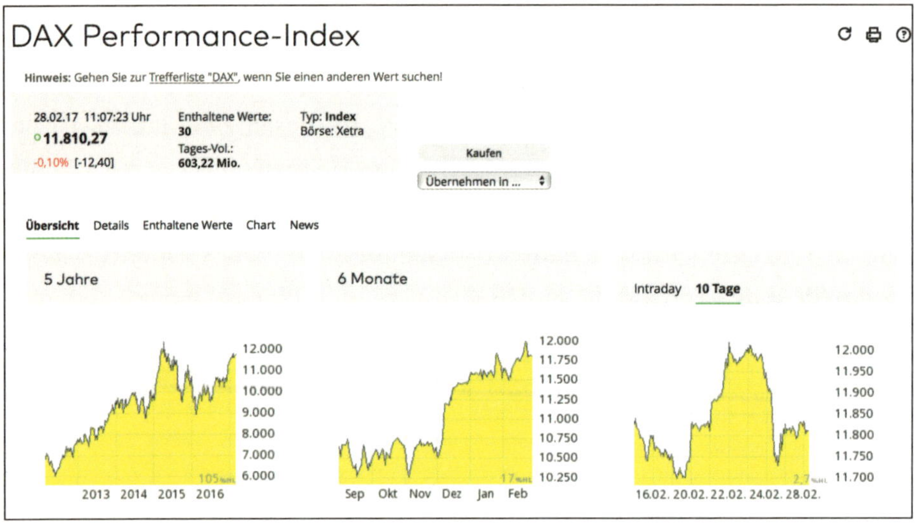

Über das Internet können Sie in Sekundenschnelle alle relevanten Informationen bekommen. (Quelle: comdirect.de)

Sofort erhalten Sie im Hauptfenster Informationen, wie der DAX aktuell notiert ist (am 28. Februar 2017 um 11:07 ist der Index mit etwa 11.810 Punkten bewertet). Darunter sehen Sie zudem drei Charts: die 10-Tage-Übersicht, eine sechsmonatige Darstellung und einen Chart über die vergangenen fünf Jahre.

Sie können sehr einfach einen längeren Zeitraum ins Auge fassen. Klicken Sie dazu auf der comdirect-Website auf den Button *Chart* und wählen Sie darunter in der Leiste beispielsweise den Button für ∞ (unendlich) aus. Dann versucht comdirect den maximalen Zeitraum – sei es einer Aktie oder eines Index – grafisch darzustellen. Der dargestellte Zeitraum wird darunter angegeben, und Sie können ihn Ihren Bedürfnissen entsprechend anpassen.

Hier sehen Sie den „DAX Performance Index" (landläufig auch „DAX" genannt) mit seinem Verlauf, beginnend am 31.12.1987 mit 1000 Punkten. (Quelle: comdirect.de)

So ist es ganz einfach, über das Internet an entsprechende Informationen zu kommen. So können Sie im Handumdrehen alle Werte und Indizes untersuchen, um sich so z. B. den Dow Jones Industrial in einem Chart darstellen zu lassen. Geben Sie einfach oben bei *Kurssuche* „Dow" ein, tippen Sie darunter auf *Chart* und gehen Sie erneut zum Button ∞. Sie erreichen damit, dass bei comdirect.de der Dow Jones im Zeitraum von 1993 bis 2017 dargestellt wird.

Im Falle der Seite comdirect.de werden die Daten des Dow Jones bis 1993 zurück protokolliert. Wenn Sie noch weiter zurückliegende Aktien- oder Index-Werte haben möchten, empfehle ich Ihnen die Informationen, die die Firma Yahoo bereitstellt. Gehen Sie dazu auf die Internetseite yahoo.de und klicken Sie auf den Begriff *Finanzen*.

Zugleich erhalten Sie im oberen Bereich Ihres Bildschirms die Möglichkeit, ein *Symbol* oder einen *Unternehmensnamen* einzutragen. Tippen Sie hier beispielsweise „Dow Jones Industrial" ein, und sogleich werden ähnlich wie bei comdirect.de darunter die entsprechenden Werte aufgelistet.

Klicken Sie jetzt auf *Historische Daten*. Damit können Sie wiederum eintragen, in welcher Frequenz (*täglich*, *wöchentlich*, *monatlich*) und über welchen Zeitraum Sie die Daten einsehen möchten. Es ist eine gute Idee, die monatliche Frequenz zu verwenden und im Falle des Dow Jones den maximalen Zeitraum bis zum Jahr 1985 zurückzuverfolgen.

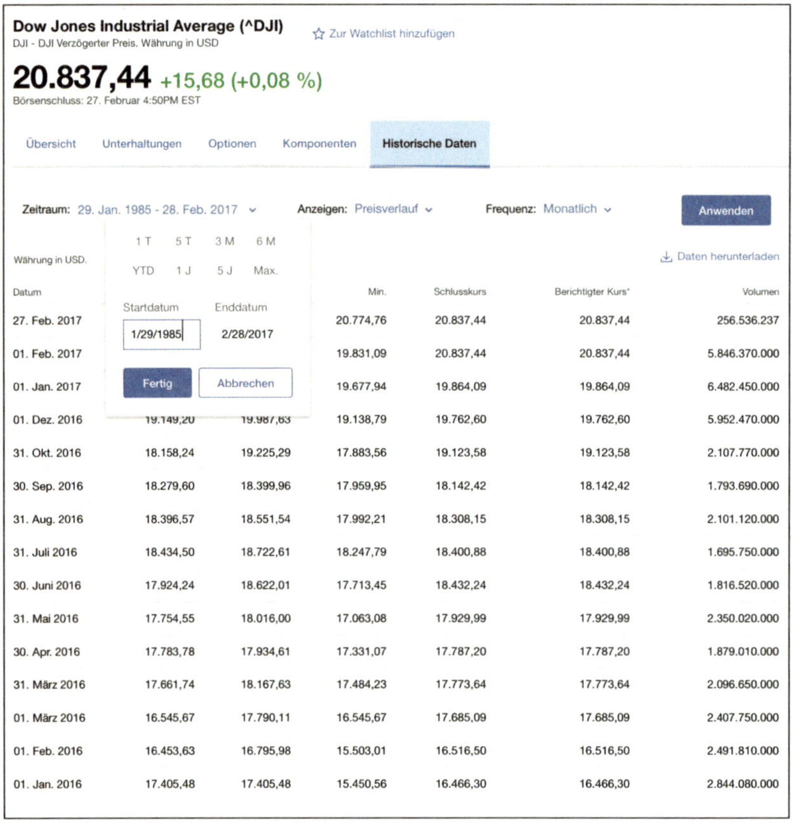

Datum			Min.	Schlusskurs	Berichtigter Kurs*	Volumen
27. Feb. 2017			20.774,76	20.837,44	20.837,44	256.536.237
01. Feb. 2017			19.831,09	20.837,44	20.837,44	5.846.370.000
01. Jan. 2017			19.677,94	19.864,09	19.864,09	6.482.450.000
01. Dez. 2016	19.149,20	19.987,63	19.138,79	19.762,60	19.762,60	5.952.470.000
31. Okt. 2016	18.158,24	19.225,29	17.883,56	19.123,58	19.123,58	2.107.770.000
30. Sep. 2016	18.279,60	18.399,96	17.959,95	18.142,42	18.142,42	1.793.690.000
31. Aug. 2016	18.396,57	18.551,54	17.992,21	18.308,15	18.308,15	2.101.120.000
31. Juli 2016	18.434,50	18.722,61	18.247,79	18.400,88	18.400,88	1.695.750.000
30. Juni 2016	17.924,24	18.622,01	17.713,45	18.432,24	18.432,24	1.816.520.000
31. Mai 2016	17.754,55	18.016,00	17.063,08	17.929,99	17.929,99	2.350.020.000
30. Apr. 2016	17.783,78	17.934,61	17.331,07	17.787,20	17.787,20	1.879.010.000
31. März 2016	17.661,74	18.167,63	17.484,23	17.773,64	17.773,64	2.096.650.000
01. März 2016	16.545,67	17.790,11	16.545,67	17.685,09	17.685,09	2.407.750.000
01. Feb. 2016	16.453,63	16.795,98	15.503,01	16.516,50	16.516,50	2.491.810.000
01. Jan. 2016	17.405,48	17.405,48	15.450,56	16.466,30	16.466,30	2.844.080.000

Über die Webseite „yahoo.de" oder „yahoo.com" können Sie weiter zurückliegende Notierungen einsehen. (Quelle: yahoo.de)

Besonders attraktiv am Finanzportal von Yahoo ist die Möglichkeit, die Daten nicht nur zu begutachten, sondern sie über *Daten herunterladen* auf Ihren Computer zu übertragen. So können Sie die Daten beispielsweise in Excel oder in einer anderen Applikation weiterbearbeiten.

Auf der Seite von Yahoo können Sie natürlich nicht nur Index-Verläufe über einen längeren Zeitraum begutachten; Sie können zudem Aktienwerte genauer unter die Lupe nehmen.

International Business Machines Corporation (IBM)
NYSE - NYSE Verzögerter Preis. Währung in USD

☆ Zur Watchlist hinzufügen

179,40 -1,95 (-1,08 %)
Börsenschluss: 27. Februar 4:00PM EST

Übersicht | Unterhaltungen | Statistiken | Profil | Finanzen | Optionen | Inhaber | **Historische Daten** | Analysten

Zeitraum: 02. Jan. 1962 - 28. Feb. 2017 ⌄ **Anzeigen:** Preisverlauf ⌄ **Frequenz:** Monatlich ⌄ Anwenden

Währung in USD. Daten herunterladen

Datum	Eröffnung	Max.	Min.	Schlusskurs	Berichtigter Kurs*	Volumen
27. Feb. 2017	181,19	181,25	179,28	179,40	179,40	3.691.327
08. Feb. 2017				**1.4** Dividende		
01. Feb. 2017	175,00	182,79	172,89	179,40	179,40	56.527.900
01. Jan. 2017	167,00	179,25	165,34	174,52	174,52	88.759.300
01. Dez. 2016	161,95	169,95	158,30	165,99	165,99	69.470.400
08. Nov. 2016				**1.4** Dividende		
31. Okt. 2016	153,50	164,66	151,00	162,22	162,22	76.338.800
30. Sep. 2016	158,06	158,53	147,79	153,69	153,69	78.327.200
31. Aug. 2016	158,32	165,00	153,21	158,85	158,85	69.937.000
08. Aug. 2016				**1.4** Dividende		
31. Juli 2016	160,65	164,95	157,85	158,88	158,88	69.706.500
30. Juni 2016	151,78	163,60	149,92	160,62	160,62	69.425.000
31. Mai 2016	153,00	155,48	142,50	151,78	151,78	76.960.200
06. Mai 2016				**1.4** Dividende		

08. Mai 1962				**0.001** Dividende		
30. Apr. 1962	6,05	6,53	4,73	392,50	5,23	49.307.200
31. März 1962	7,10	7,10	6,00	454,00	6,05	12.851.200
01. März 1962	7,19	7,41	7,07	532,75	7,10	5.344.000
06. Feb. 1962				**0.001** Dividende		
01. Feb. 1962	7,30	7,48	7,09	537,00	7,16	5.737.600

Eine Auswertung für die IBM-Aktie – beginnend ab dem Jahr 1962! (Quelle: yahoo.de)

Anhand des Bildschirmfotos sehen Sie, dass ich die Aktien der Firma IBM genauer studieren möchte. Dort kann ich Werte bis in das Jahr 1962 zurückverfolgen. Dabei erkennen Sie, dass der Aktienkurs der Firma IBM 1962 bei etwa 7,00 $ angesiedelt war. Die aktuelle Notierung liegt bei ungefähr 180 $. Hätten also Ihre Eltern 1962 für etwa 7 $ IBM-Aktien eingekauft, so hätten sie bis heute ihr Geld etwa versechsundzwanzigfacht. Aus 10.000 € wären gemäß der Buy-and-hold-Strategie 260.000 € geworden. Ich denke, eine Versechsundzwanzigfachung in einem Zeitrahmen von 55 Jahren lässt sich durchaus sehen!

Um wie viel Prozent ist die IBM-Aktie in diesem Zeitraum jährlich gewachsen? Nehmen wir also den Faktor 26 (180 $ im Verhältnis zu 7 $) und setzen diesen ins Verhältnis zu den 55 Jahren, dann kommen wir damit zu einer Wertsteigerung von etwa 6 % pro Jahr. Erinnern Sie sich an Kapitel 1: Eine Kapitallebensversicherung wird Ihnen sicherlich keine derartige Rendite bringen.

Noch ein wichtiges Detail: Wenn Sie mit Yahoo als Informationsquelle arbeiten, können Sie leider weder WKN- noch ISIN-Daten eingeben (also keine Wertpapierkennnummern – weitere Infos hierzu finden Sie in Kapitel 4 ab Seite 112). Yahoo arbeitet mit sogenannten Symbolen. Wenn Sie beispielsweise die Apple-Aktie aufrufen möchten, so sollten Sie hierfür „aapl“ eingeben, und mit „bmw.f“ bekommen Sie die Notierung der BMW-Aktie in Frankfurt. Aber im Regelfall erhalten Sie die gewünschten Daten, wenn Sie einfach den regulären Firmennamen eingeben.

3.1.2. Wegzehrung: die Dividende

An dieser Stelle möchte ich Sie nochmals daran erinnern, dass z. B. eine Firma wie IBM ihre Aktionäre jedes Jahr mit einer Dividende beglückt (die aktuelle Dividendenrendite liegt bei ca. 3 %). Diese Dividendenausschüttung können Sie natürlich auf den Kopf hauen – oder Sie können sie wieder in IBM-Aktien reinvestieren und so die Anzahl Ihrer Aktien sukzessive erhöhen.

Wenn Sie sich darüber informieren möchten, welche Dividendenrenditen Unternehmen haben, so können Sie dazu wieder die Seite von comdirect.de ansteuern. Dort finden Sie eine Information darüber, mit welcher Dividende Anleger in diesem Jahr in etwa rechnen können.

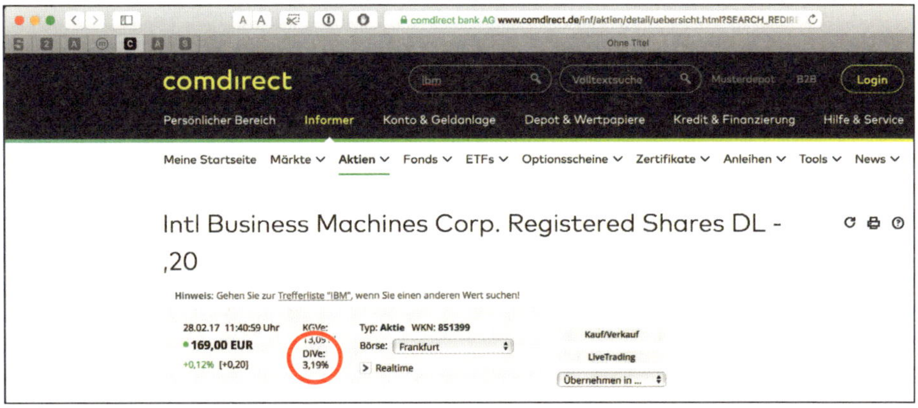

Über die Webseite „comdirect.de" können Sie die zu erwartende Dividendenzahlung (DIVe) abschätzen. (Quelle: comdirect.de)

Sie sehen also, dass die prognostizierte Dividende für das Jahr 2017 im Februar 2017 mit etwa 3,2 % angegeben wurde. Bei einem aktuellen Aktienkurs von 170 € sind das immerhin etwa 5,40 € Dividende, die Sie pro IBM-Aktie erhalten. Über einen Zeitraum von 50 Jahren kommt so sicherlich ein hübsches Sümmchen an Dividendenausschüttungen zusammen.

Möchten Sie sich darüber informieren, wie die Dividendenausschüttungen der vergangenen Jahre waren, benutzen Sie auf der comdirect.de-Seite den Bereich *Analyse* und dort wiederum die Kategorie *Jahresbilanz.* Sie finden eine tabellarische Auflistung und sehen den Begriff *Dividende Stammaktien*, wo die Dividendenausschüttungen der letzten fünf Jahre angezeigt werden. Im Falle von IBM erkennen Sie im Übrigen, dass die Dividende von 2012 bis 2016 stetig angewachsen ist.

Exkurs: Was ist eine Dividende?

Eine Dividende wird von Unternehmen optional ausgeschüttet, um die Aktionäre am Gewinn und damit am Erfolg des Unternehmens teilhaben zu lassen. In den allermeisten Fällen finden die Dividendenausschüttungen im Zeitraum der Hauptversammlungen statt. Um an die Dividende zu kommen, müssen Sie zum Stichtag der Dividendenausschüttung Aktien des Unternehmens besitzen. Wenn Sie also beispielsweise wissen, dass das Unternehmen am 12. April Dividenden ausschüttet, reicht es z. B. aus, tags zuvor am 11. April Aktien des Unternehmens zu erwerben. Am Tag der Dividendenausschüttung wird der Aktienwert um die Dividende vermindert. Hat das Unternehmen also einen Kurswert von 100 € und schüttet nun 4 € an Dividende aus, so wird der Kurs dann mit just 96 € neu berechnet, und die 4 € landen auf Ihrem Konto.

Hinweis

In dem Buch „Cool bleiben und Dividenden kassieren" finden Sie zahlreiche Beispiele von Unternehmen, die seit vielen Jahren zuverlässig Dividenden an ihre Aktionäre ausgeben. Weitere Informationen zu diesem Buchtitel finden Sie in Kapitel 7.

Fassen wir an dieser Stelle kurz zusammen:

- Mit der Buy-and-hold-Strategie verfügen Sie über das einfachste Anlageinstrument. Sie kaufen einen Wert, unabhängig davon, ob es sich um einen Aktienwert, um einen ETF oder um einen Investmentfonds handelt. Sie lassen diesen Wert liegen, und Sie werden feststellen, dass nach einer Zeitdauer von 20, 30 oder 40 Jahren eine überaus ansehnliche Summe daraus geworden ist – ganz ohne Ihr Zutun.

- In dieser ganzen Zeit haben Sie nichts zu tun, denn Sie müssen weder hektisch auf irgendein Börsengeschehen noch auf politische Nachrichten reagieren. Sie vertrauen einfach auf das Unternehmen, auf den Aktienmarkt oder auf den Fondsmanager, lassen den Wert schlichtweg liegen und laufen. Investieren Sie Ihr Geld beispielsweise in einen ETF, dann können Sie sicher sein, dass Sie ständig einen Pool an Aktien haben, die die stärksten Unternehmen repräsentieren (z. B. im deutschen Wirtschaftsraum, wenn Sie einen DAX-ETF Ihr Eigen nennen).

- Wenn Sie in einen Investmentfonds investieren, kümmert sich Ihr Fondsmanager um die Geldanlage, was er sich natürlich mit einer jährlichen Gebühr bezahlen lässt. Über einen langen Zeitraum wird sicherlich eine Geldanlage in einem ETF die Geldanlage in einem Investmentfonds übertreffen, denn über 80 % aller Investmentfonds schaffen es leider langfristig nicht, ihren Vergleichsindex zu schlagen.

- Wenn Sie Ihr Geld mit der Buy-and-hold-Strategie in Unternehmensaktien anlegen, besteht natürlich ein deutlich höheres Risiko, das sich aber auch in einer deutlich höheren Rendite niederschlägt. Schauen Sie sich beispielsweise den Aktienkurs von wichtigen IT-Firmen an, wie z. B. Apple, Cisco, Microsoft, Alphabet, Amazon und Facebook etc. Dort hätten Sie in wenigen Jahren eine deutlich höhere Rendite einfahren können. Betrachten Sie dazu vielleicht zusätzlich im Vergleich Werte wie Allianz, Daimler und Siemens über einen längeren Zeitraum von 20 oder 30 Jahren.

Die Buy-and-hold-Strategie kann und sollte ein Fundament Ihrer Geldanlage sein. Aber wie Sie ja bereits gesehen haben, schwanken sowohl Aktienwerte als auch Indexwerte oftmals sehr stark. Wie wäre es, noch etwas cleverer zu agieren, um die Performance nach oben zu ziehen?

Geschichte: Ein Plädoyer für die Buy-and-hold-Strategie

Stellen Sie sich vor, Sie besitzen ein Unternehmen mit einer stattlichen Anzahl von Mitarbeitern. Als Unternehmer werden Sie langfristig agieren – mit einer Perspektive von 10, 20 oder gar 30 Jahren. Wenn schlechte Zeiten auf Sie und Ihr Unternehmen zukommen, werden Sie unter Umständen Mitarbeiter entlassen müssen, und sobald es wieder aufwärts geht, können Sie neue Mitarbeiter rekrutieren. Bisweilen werden Mitarbeiter die nicht effizient arbeiten, durch andere ersetzt. Sie werden immer darauf bedacht sein, dass Sie gute und wertvolle Produkte auf dem Markt anbieten können und Ihr Unternehmen so wachsen kann. Denn wenn es dem Unternehmen gut geht, profitieren alle davon: Kunden, Mitarbeiter und Sie selbst.

Genauso verhält es sich mit Ihrer Geldanlagestrategie: Sie wollen langfristig erfolgreich sein. Dazu brauchen Sie gute Aktien, die Sie bisweilen gegen andere Werte austauschen sollten, wenn diese Ihnen mehr Ertrag und Profit versprechen.

Ein Unternehmen wird langfristig nicht erfolgreich sein, wenn es immer und immer wieder seine Strategie ändert. Erfolgreiche Unternehmen haben einen Plan, ein Ziel und gehen diesen Weg systematisch.

Folgen Sie also Ihrem finanziellen Plan und lassen Sie sich durch kurzfristige Erschütterungen nicht aus der Ruhe bringen. Denn eines sollten Sie wissen: Wann immer Ihnen jemand verspricht, er würde rechtzeitig aussteigen, bevor die Bären zuschlagen, und vor dem Bullenmarkt zu Niedrigstkursen wieder optimal einsteigen, der ist ganz sicher ein Lügner.

Wissenschaftliche Untersuchungen haben gezeigt, dass perfektes Market-Timing schlichtweg nicht existiert (Effizienzmarkthypothese). Wer sich um Timing bemüht, wird nicht permanent investiert sein und so leider erfolgreiche Börsentage versäumen. Das wiederum schmälert das Anlageergebnis beträchtlich. Hätte ein Anleger beispielsweise im Zeitraum 1991 bis 2011 die besten 20 Börsentage verpasst, wäre die Entwicklung seiner Anlagen nur etwa ein Drittel so gut wie die eines Daueranlegers!

Bleiben Sie Ihrer Buy-and-hold-Strategie treu, weil Sie damit oftmals deutlich besser abschneiden als jeder Anleger, der seine Entscheidungen von irgendwelchen Marktparametern abhängig macht.

Sicherlich ist es nicht einfach, eine Börsenflaute mit -30 % oder gar -40 % durchzustehen. Ich spreche hier aus Erfahrung! Aber – und das ist so sicher wie das Amen in der Kirche – es kommen wieder bessere Tage und die Verluste werden aufgeholt und Gewinne stellen sich ein. Die Strategie sowie die Produkte entscheiden und nicht der Einstiegszeitpunkt.

3.2. Sell in May and go away

Bei den Börsianern ist der Slogan "Sell in May and go away" ein geflügeltes Wort für eine Handlungsstrategie. Viele Börsianer stellen im Zeitraum des Monats Mai ihre Börsenspekulationen glatt (verkaufen also) und steigen erst im Herbst, im September/Oktober, wieder in die Aktienmärkte ein. Warum tun erfahrene Börsianer dies?

Nun, die naheliegendste Erklärung ist, dass selbst Börsianer bisweilen Urlaub machen und sie in der Urlaubszeit keinesfalls auf dem falschen Fuß erwischt werden möchten. Deshalb versucht man als Anleger, rechtzeitig aus dem Markt auszusteigen, um dann im Herbst wieder zurückzukommen. Man „geht" also „auf Cash", d. h., man verkauft die Aktien und hält bares Geld vor, um sich dann im Herbst neu zu positionieren. Die Statistik belegt bisweilen, dass dieses Vorgehen sinnvoll ist. Die Sommermonate laufen an der Börse nämlich im Regelfall schlechter als die Wintermonate.

Der „DAXplus Seasonal"(WKN: A0C4B) schlägt den DAX (blaue Linie), und zwar deutlich. (Quelle: comdirect.de)

Sie sehen in diesem Diagramm den Verlauf des sogenannten *DAXplus Seasonal* im Vergleich zum regulären *DAX Performance Index*. Bei comdirect.de können Sie im Bereich *Chart* und dort wiederum bei *Vergleich* mehrere Werte zueinander in Relation setzen. Die blaue Linie zeigt die Entwicklung des DAX (*DAX Performance Index*) und die gelbe Grafik zeigt den *DAXplus Seasonal*. Wenn Sie das Seasonal-Diagramm genauer betrachten, erkennen Sie, dass stets in den Sommermonaten eine kleine waagerechte Linie zu entdecken ist. Das heißt, dieser Index ist stets ab Ende Juli bis Ende September nicht investiert und „sitzt auf Cash".

Im vorgestellten Zeitrahmen vom Juni 2005 bis Februar 2017 hat der DAX etwa einen Wertzuwachs von ca. 250 % aufzuweisen. Der Seasonal kommt hingegen auf eine Wertsteigerung von signifikant über 300 %. Sie erzielen eine deutlich höhere Wertsteigerung bei einer Geldanlage in den deutschen Aktien-Index, wenn Sie in den Sommermonaten diesen Index schlicht und ergreifend verlassen und auf Bargeld setzen.

Ich habe mir die Mühe gemacht und dieses saisonale Verhalten für einen noch größeren Zeitraum zurückgerechnet. Von November 1990 bis ins Frühjahr 2017 ist der DAX etwa um 850 % gewachsen. Hätten Sie stets Ende April, also nicht erst im Mai, Ihr DAX-Investment glattgestellt und wären in der ersten Oktoberwoche wieder eingestiegen, hätten Sie eine Performance von etwa 1.800 % erreicht. Das heißt, Sie hätten die reguläre Entwicklung des DAX Performance Index locker geschlagen. Wenn Sie das in eine Wertentwicklung pro Jahr umrechnen, dann beträgt der Daueranleger-Zuwachs in diesem Zeitraum ca. 8,4 % pro Jahr, wohingegen die saisonale Methode mit etwa 11,8 % pro Jahr zu Buche schlägt.

Datum	DAX-Stand	Änderung Saison	Winterhalbjahr	Sommerhalbjahr
26. Nov. 1990	1441			
29. Apr. 1991	1632	+13,25 %	+13,25 %	
7. Okt. 1991	1568	−3,92 %		−3,92 %
27. Apr. 1992	1734	+10,59 %	+10,59 %	
5. Okt. 1992	1440	−16,96 %		−16,96 %
26. Apr. 1993	1627	+12,99 %	+12,99 %	
11. Okt. 1993	2015	+23,85 %		+23,85 %
25. Apr. 1994	2246	+11,46 %	+11,46 %	
10. Okt. 1994	2106	−6,23 %		−6,23 %
24. Apr. 1995	2016	−4,27 %	−4,27 %	
9. Okt. 1995	2197	+8,98 %		+8,98 %
29. Apr. 1996	2457	+11,83 %	+11,83 %	
7. Okt. 1996	2686	+9,32 %		+9,32 %

Datum	DAX-Stand	Änderung Saison	Winter-halbjahr	Sommer-halbjahr
28. Apr. 1997	3460	+28,82 %	+28,82 %	
13. Okt. 1997	4049	+17,02 %		+17,02 %
27. Apr. 1998	5107	+26,13 %	+26,13 %	
12. Okt. 1998	4489	−12,10 %		−12,10 %
26. Apr. 1999	5393	+20,14 %	+20,14 %	
11. Okt. 1999	5184	−3,88 %		−3,88 %
25. Apr. 2000	7415	+43,04 %	+43,04 %	
9. Okt. 2000	6661	−10,17 %		−10,17 %
30. Apr. 2001	6138	−7,85 %	−7,85 %	
8. Okt. 2001	4625	−24,65 %		−24,65 %
29. Apr. 2002	4883	+5,58 %	+5,58 %	
14. Okt. 2002	3164	−35,20 %		−35,20 %
28. Apr. 2003	2986	−5,63 %	−5,63 %	
6. Okt. 2003	3471	+16,24 %		+16,24 %
26. Apr. 2004	3985	+14,81 %	+14,81 %	
11. Okt. 2004	3922	−1,58 %		−1,58 %
25. Apr. 2005	4185	+6,71 %	+6,71 %	
10. Okt. 2005	4976	+18,90 %		+18,90 %
24. Apr. 2006	6010	+20,78 %	+20,78 %	
9. Okt. 2006	6174	+2,73 %		+2,73 %
30. Apr. 2007	7517	+21,75 %	+21,75 %	
15. Okt. 2007	7884	+4,88 %		+4,88 %
28. Apr. 2008	7043	−10,67 %	−10,67 %	
13. Okt. 2008	4781	−32,12 %		−32,12 %
27. Apr. 2009	4769	−0,25 %	−0,25 %	
12. Okt. 2009	5743	+20,42 %		+20,42 %
26. Apr. 2010	6136	+6,84 %	+6,84 %	
11. Okt. 2010	6492	+5,80 %		+5,80 %
25. Apr. 2011	7514	+15,74 %	+15,74 %	
10. Okt. 2011	5967	−20,59 %		−20,59 %

Datum	DAX-Stand	Änderung Saison	Winter-halbjahr	Sommer-halbjahr
23. Apr. 2012	6801	+13,98 %	+13,98 %	
8. Okt. 2012	7232	+6,34 %		+6,34 %
22. Apr. 2013	7815	+8,06 %	+8,06 %	
7. Okt. 2013	8725	+11,64 %		+11,64 %
28. Apr. 2014	9556	+9,52 %	+9,52 %	
6. Okt. 2014	8789	−8,03 %		−8,03 %
27. Apr. 2015	11454	+30,32 %	+30,32 %	
12. Okt. 2015	10104	−11,79 %		−11,79 %
25. Apr. 2016	10039	−0,64 %	−0,64 %	
10. Okt. 2016	10580	+5,39 %		+5,39 %
27. Mär. 2017	12313	+16,38 %	+16,38 %	

Anhand dieser Auswertung sehen Sie die DAX-Stände für die Zeiträume „April bis Oktober" und „Oktober bis April" im Zeitrahmen von 1990 bis 2017. (Quelle: yahoo.de)

Faszinierende Zahlen, finden Sie nicht? Und der Aufwand ist sehr gering. Was tun Sie also? Sie kaufen beispielsweise einen DAX-ETF und führen diesen Kauf Anfang Oktober aus. Dann lassen Sie den Wert bis Ende April stehen und verkaufen den ETF erneut. Nach der ersten Oktoberwoche kehren Sie wieder in den Markt zurück. Sie vermeiden damit die meist eher verlustträchtigen Sommermonate und profitieren von den oftmals gewinnbringenden Wintermonaten.

Winterhalbjahre			
Anzahl positiv:	22	Mittelwert	+16 %
Anzahl negativ:	5	Mittelwert	- 4 %
Anteil positiv	81 %		
Sommerhalbjahre			
Anzahl positiv:	13	Mittelwert	+ 9 %
Anzahl negativ:	13	Mittelwert	−14 %
Anteil positiv	50 %		

Obwohl die Sommermonate ebenfalls oft positiv enden (13 von 26 Perioden), sind die negativen Verlustperioden mit im Durchschnitt -14 % für das schlechte Sommerhalbjahr verantwortlich.

Die Vorgehensweise „Sell in May and go away“ haben wir etwas modifiziert: Sie verkaufen nicht erst im Mai, wenn bereits viele verkaufen, und Sie kaufen nicht im September, wenn viele sich wieder neu positionieren. Stattdessen verkaufen Sie schon ein paar Tage eher, also bereits Ende April, und kaufen erst im Oktober zurück, da traditionell oftmals sowohl der September als auch die ersten Oktoberwochen zu den eher schlechteren Börsentagen zählen.

Mit dieser doch sehr einfachen Strategie können Sie relativ problemfrei mit einem DAX-ETF Ihr Geld sehr lukrativ vermehren und die schwierige Urlaubszeit ganz einfach umschiffen.

Hinweis

Bedenken Sie, dass sich diese Strategie nicht unbedingt dazu eignet, mit Unternehmensaktien genauso vorzugehen oder mit ETFs auf andere Indizes. Denn speziell der DAX weist diese Sommerdellen auf (ähnlich die deutschen Nebenwerte wie MDAX und SDAX). Andere Börsenindizes wie der Dow Jones, der Nasdaq, der Nikkei etc. haben eine geringere saisonale Schwankung. Deshalb ist es hier eher schwierig, mit dieser Methode zu agieren. Zudem sind sowohl Kauf- als auch Verkaufsgebühren fällig. Wenn Sie also langfristig – sagen wir mal 30 Jahre lang – investieren, macht es mehr Sinn, die Buy-and-hold-Strategie anzuwenden. Denn durch den häufigen Wechsel von rein und raus fressen möglicherweise die anfallenden Kosten die höhere Performance auf. Wenn Sie hingegen eher kurzfristiger und vor allem in DAX-Werten investieren wollen – vielleicht 5 oder 10 Jahre –, dann sollten Sie saisonal agieren, um nicht durch ein Sommerloch Ihre Performance zunichte zu machen.

3.3. Der Cost-Average-Effekt

Hinter diesem englischen Begriff steckt eine einfache Binsenweisheit: Kaufe dann, wenn etwas günstig ist, und verkaufe es, wenn es teurer geworden ist.

Über den Cost-Average-Effekt verfügen Sie völlig automatisch und ohne Ihr Zutun über einen zusätzlichen Hebel bei Ihrer Geldanlage. Denn wenn Sie die Methode 1 und 2, die wir bisher begutachtet haben (die „Buy-and-Hold-Strategie“ und die “Sell-in-May-Strategie“), genauer unter die Lupe nehmen, dann setzen beide Strategien bereits voraus, dass Sie über eine gewisse Summe Anlagevermögen verfügen, die Sie in das entsprechende Produkt investieren können, um damit eine Rendite zu erwirtschaften.

Was aber, wenn Sie keine größere Summe zum Anlegen haben, sondern darauf angewiesen sind, einfach Monat für Monat Geld in ein Anlageprodukt hineinzusparen?

Wenn Sie das Ansparen in Monatsraten, vierteljährlichen, halbjährlichen oder jährlichen Raten verwenden, dann nutzen Sie automatisch den Cost-Average-Effekt aus. Das heißt, Sie kaufen automatisch mehr Anteile, wenn der Wert günstiger ist, und Sie kaufen weniger Anteile, wenn der Wert teurer ist. Am einfachsten lässt sich das an einem Beispiel erklären.

Sehen wir uns in der folgenden Abbildung die Entwicklung des deutschen Aktien-Index (DAX) vom Februar 2015 bis Februar 2017 an.

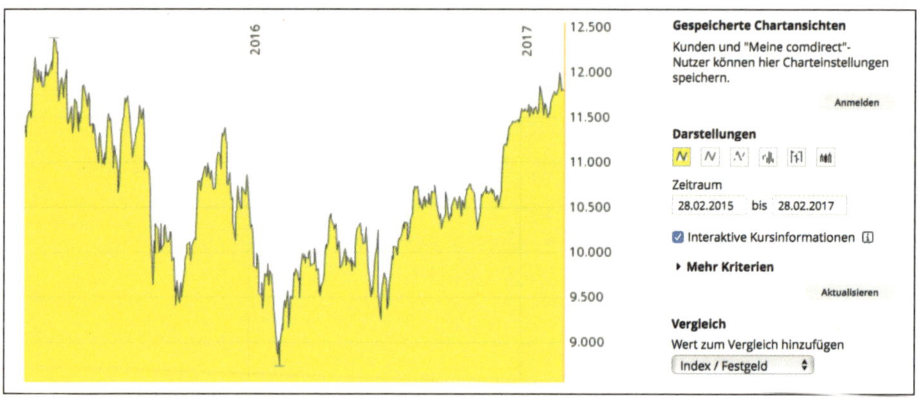

Der DAX zwischen Februar 2015 und Februar 2017 (Quelle: comdirect.de)

Wie Sie anhand des Charts sehen, ist der DAX nach zwei Jahren mehr oder minder unverändert: Ende Februar 2015 stand der DAX etwa bei 11.400 Punkten und Ende Februar 2017 bei 11.800 Punkten. Er hat sich in zwei Jahren um lediglich 3,5 % nach oben bewegt. Für einen Daueranleger ist eine Rendite von 3,5 % in einem Zeitraum von 24 Monaten extrem unbefriedigend (1,75 % pro Jahr).

Deutlich besser wären Sie gefahren, hätten Sie unter Berücksichtigung des Cost-Average-Effekts und durch regelmäßiges Ansparen in einen DAX-ETF sukzessive Anteile gekauft. Die folgende Tabelle zeigt Ihnen die DAX-Stände immer am Monatsende – und just zu diesen Zeitpunkten hätten Sie immer mit dem gleichen Betrag von 200 € neue DAX-ETF-Anteile hinzugekauft.

Anmerkung

Häufig ist ein DAX-ETF-Anteil mit einem Hundertstel bewertet. Wenn der DAX beispielsweise bei 12.000 Punkten steht, ist ein Anteil damit 120 € wert. Wenn der DAX auf 10.000 Punkte fällt, fällt der ETF proportional mit und notiert lediglich bei 100 €.

Datum	DAX-Stand	DAX-ETF	Sparrate	Neue ETF Anteile	Anzahl ETFs	Sparvolumen	Wert ETF-Anteile
02.03.15	11.408	114	200 €	1,75	1,75	200 €	200 €
01.04.15	11.903	119	200 €	1,68	3,43	400 €	409 €
04.05.15	11.507	115	200 €	1,74	5,17	600 €	595 €
01.06.15	11.463	115	200 €	1,74	6,92	800 €	793 €
01.07.15	11.050	111	200 €	1,81	8,73	1.000 €	964 €
03.08.15	11.296	113	200 €	1,77	10,50	1.200 €	1.186 €
01.09.15	10.074	101	200 €	1,99	12,48	1.400 €	1.257 €
01.10.15	9.757	98	200 €	2,05	14,53	1.600 €	1.418 €
02.11.15	10.750	107	200 €	1,86	16,39	1.800 €	1.762 €
01.12.15	11.422	114	200 €	1,75	18,14	2.000 €	2.072 €
04.01.16	10.486	105	200 €	1,91	20,05	2.200 €	2.102 €

Datum	DAX-Stand	DAX-ETF	Sparrate	Neue ETF Anteile	Anzahl ETFs	Spar-volumen	Wert ETF-Anteile
01.02.16	9.824	98	200 €	2,04	22,09	2.400 €	2.170 €
01.03.16	9.483	95	200 €	2,11	24,20	2.600 €	2.294 €
01.04.16	9.833	98	200 €	2,03	26,23	2.800 €	2.579 €
02.05.16	10.091	101	200 €	1,98	28,21	3.000 €	2.847 €
01.06.16	10.243	102	200 €	1,95	30,16	3.200 €	3.090 €
01.07.16	9.743	97	200 €	2,05	32,22	3.400 €	3.139 €
01.08.16	10.426	104	200 €	1,92	34,14	3.600 €	3.559 €
01.09.16	10.622	106	200 €	1,88	36,02	3.800 €	3.826 €
04.10.16	10.493	105	200 €	1,91	37,92	4.000 €	3.979 €
01.11.16	10.724	107	200 €	1,86	39,79	4.200 €	4.267 €
01.12.16	10.593	106	200 €	1,89	41,68	4.400 €	4.415 €
02.01.17	11.426	114	200 €	1,75	43,43	4.600 €	4.962 €
01.02.17	11.646	116	200 €	1,72	45,14	4.800 €	5.258 €
						Zuwachs	10 %

Die vorliegende Tabelle ist für Sie äußerst interessant, wenn Sie durch Ansparen versuchen, Ihr Geld zu vermehren.

Betrachten wir zunächst die erste Zeile: Am 2. März 2015 stand der DAX bei 11.408 Punkten, d. h. ein ETF auf DAX-Basis stand bei 114 Zählern. Angenommen, Sie würden monatlich 200 € sparen, dann würden Sie 1,75 Anteile bekommen. Man kann eben auch Bruchteile von DAX-ETFs erwerben.

Wenn Sie mit 200 € an die Sache herangegangen sind, ist das aktuelle Sparvolumen, nachdem ein Monat vergangen ist, schlicht und ergreifend 200 €. Und Sie haben für 200 € Anteile in Ihrem Depot.

Am 1. April ist der DAX auf 11.903 Punkte geklettert, hat sich um rund 500 Punkte nach oben gehangelt. Der ETF ist 119 € schwer, und Sie gehen wieder mit der gleichen Sparrate von 200 € in das Ansparen. Sie bekommen jetzt weniger Neuanteile, nämlich nur 1,68 Neuanteile. Denn der DAX ist gestiegen und die ETFs sind teurer geworden. Mit der immer gleichen Sparrate haben

Sie preisbewusst reagiert und automatisch weniger eingekauft. Sie verfügen jetzt über insgesamt 3,43 Anteile. Insgesamt haben Sie 400 € investiert, und Ihr Depot weist aktuell einen Wert von 408,67 € auf. Sie haben bereits 8,67 € hinzugewonnen, eben nur dadurch, dass der DAX um 500 Punkte nach oben gestiegen ist.

Wenn Sie dies über 24 Monate weiterlaufen lassen, kommen Sie zu folgendem Endergebnis: Sie haben in diesem Zeitraum insgesamt 24 × 200 € angespart, 4.800 € in der Summe. Sie haben Monat für Monat für 200 € DAX-ETF-Anteile erworben. Insgesamt besitzen Sie aktuell 45,14 DAX-ETF-Anteile mit einem Gesamtvermögen von 5.258 €. Im Vergleich zu dem eingesetzten Kapitel von 4.800 € haben Sie einen Gewinn von ca. 10 % erzielt – im Vergleich zu einem Daueranleger dreimal so viel, denn der Daueranleger konnte nur etwa 3,5 % über die letzten 24 Monate erwirtschaften.

Über das regelmäßige Ansparen mit monatlichen Sparraten kaufen Sie automatisch weniger ein, sobald der Wert hoch ist, und Sie kaufen mehr ein, sobald der Wert niedriger liegt. Der Cost-Average-Effekt belohnt den regelmäßigen Sparer.

Und als Sparer haben Sie natürlich den zusätzlichen Vorteil, dass Sie sukzessive in Ihren Vermögensplan hineinsparen. Der Daueranleger hingegen musste bereits 2015 sein Geld komplett investiert haben und sich dann mit einer geringeren Rendite begnügen.

Wenn Sie als Sparer regelmäßige Monatsbeiträge anlegen, macht es durchaus Sinn, Ihr Geld in ETFs oder alternativ in Investmentfonds anzulegen. Für beide Produkte stehen Sparpläne zur Verfügung (siehe Kapitel 4 und 6).

Egal, für welches der beiden Produkte Sie sich entscheiden, es ist immer der Automatismus eingebaut, dass Sie bei niedrigen Kursen automatisch mehr Anteile erwerben und bei höheren Kursen automatisch weniger Anteile zukaufen. Das monatliche Ansparen ist eine hervorragende Ergänzung zu einer Daueranlage, wie wir sie in Abschnitt 3.1, „Buy and hold“, und Abschnitt 3.2, „Sell in May and go away“, besprochen haben.

3.4. Timing

Wenn Sie Buy-and-hold-Anleger sind, brauchen Sie sich über das Timing keine Gedanken zu machen: Sie legen einen Betrag X an und halten diesen über 20, 30 oder 40 Jahre. Am Ende der Laufzeit schauen Sie, welche Rendite Ihr Produkt erwirtschaftet hat.

Wenn Sie z. B. den DAX schlagen wollen, dann habe ich Ihnen schon den Tipp gegeben, auf die Jahreszeiten zu achten. Für diejenigen unter Ihnen, die Sie sich noch aktiver im Markt bewegen wollen und weniger auf ETF-Basis, dafür tendenziell mehr im Aktienbereich agieren möchten, folgen gleich einige Ratschläge, wie Sie Ihre Rendite noch einmal pushen können, um so den Markt zu schlagen.

> Aber – das möchte ich gleich vorausschicken – ich bin nicht der liebe Gott, und wer Ihnen am Anfang eines Jahres schon prognostiziert, wo der DAX am Ende des Jahres landen wird, der ist unseriös. Denn eine Extrapolation in die Zukunft ist schlicht unmöglich.

Denken Sie beispielsweise an die politischen Querelen, die uns in der jüngsten Vergangenheit erfasst haben – beispielsweise an den Brexit (Juni 2016), den niemand tatsächlich auf der Rechnung hatte. Oder an die Tatsache, dass Donald Trump Präsident der Vereinigten Staaten von Amerika wurde: Auch das hatte niemand eingeplant. Alle seriösen Marktbeobachter wurden von diesen Ereignissen auf dem falschen Fuß erwischt und haben die Reaktion der Börsen nicht korrekt vorhergesagt.

Ging man beim Brexit noch davon aus, dass die Briten sich für Europa entscheiden und danach die Börsen mit höheren Notierungen aufwarten würden, so ist doch das Gegenteil eingetreten. Die Briten haben für den Ausstieg aus der EU gestimmt, und die Börsen verzeichneten am Tag danach nur eine Richtung – nämlich steil abwärts.

Ähnlich verhielt es sich bei der Wahl von Donald Trump zum amerikanischen Präsidenten. Alle Analysten und Marktbeobachter sahen einen Wahlsieg Hillary Clintons voraus. Und immer, wenn so ein entscheidendes

Ereignis ansteht, sind die Börsen eher nervös, tendieren seitwärts oder leicht abwärts, und man war sich definitiv einig, dass durch den Wahlsieg von Hillary Clinton die Börsenkurse erneut Stabilität erlangen und den Weg nach oben antreten würden. Passiert ist das Gegenteil! Trump wurde Präsident, Minuten danach gingen die Aktien auf Talfahrt, und was in den Wochen danach geschah, war sensationell. Der Dow Jones hat neue Höchststände erreicht. Ebenso hat auch der DAX die Richtung gedreht und ist wieder in die Region von 12.000 Punkten und darüber marschiert.

Schlussfolgerung: Wenn jemand Ihnen glaubhaft machen will, dass dieser oder jener Index- oder Aktienwert zu einem bestimmten Zeitpunkt einen Wert A oder einen Wert B erreichen wird, dann haben Sie es mit einem Sprücheklopfer zu tun. Machen Sie deshalb um alle Anbieter von Börsen-Newslettern oder Börsenzeitschriften einen riesengroßen Bogen.

Dennoch gibt es einige Kriterien, die man beobachten kann, um nicht mit in jede Baisse zu schlittern bzw. um die Werte im Laufe einer Aktien-Hausse gut verkaufen zu können. Eine Baisse ist dann gegeben, wenn die Aktienkurse sukzessive fallen. Eine Hausse ist das Gegenteil, also eine Phase steigender Aktienkurse.

Ich gebe Ihnen einige Tipps mit auf den Weg, die Ihnen helfen, zu erkennen, ob der Markt grundsätzlich überverkauft ist, also sehr hoch steht und damit eine Korrektur oder niedrige Aktienkurse wahrscheinlich sind, oder ob das Gegenteil der Fall ist, dass die Börse relativ niedrig steht, die Aktien günstig zu erwerben sind und sich deshalb ein Einstieg lohnt.

3.4.1. Durchschnittliche Hausse- und Baisse-Zeiten

Wenn wir die unterschiedlichen Aktienmärkte anschauen, dann gibt es immer längere Phasen mit steigenden Aktiennotierungen und ebenso Phasen mit fallenden Kursen. Analysten haben festgestellt, dass die durchschnittliche „Hausse-Zeit“, also die Zeitdauer steigender Aktiennotierungen, im

Schnitt etwa 36 Monate beträgt. Im Gegenzug dazu ist die durchschnittliche „Baisse-Zeit“ – sinkende Aktienkurse – im Regelfall nach 18 Monaten ausgestanden. Wenn beispielsweise der deutsche Aktienindex seit mehr als vier oder fünf Jahren stets nur eine Richtung kennt, nämlich zu steigen, dann ist allerhöchste Vorsicht geboten, weil er deutlich länger gestiegen ist, als es eigentlich durchschnittlich der Fall sein dürfte.

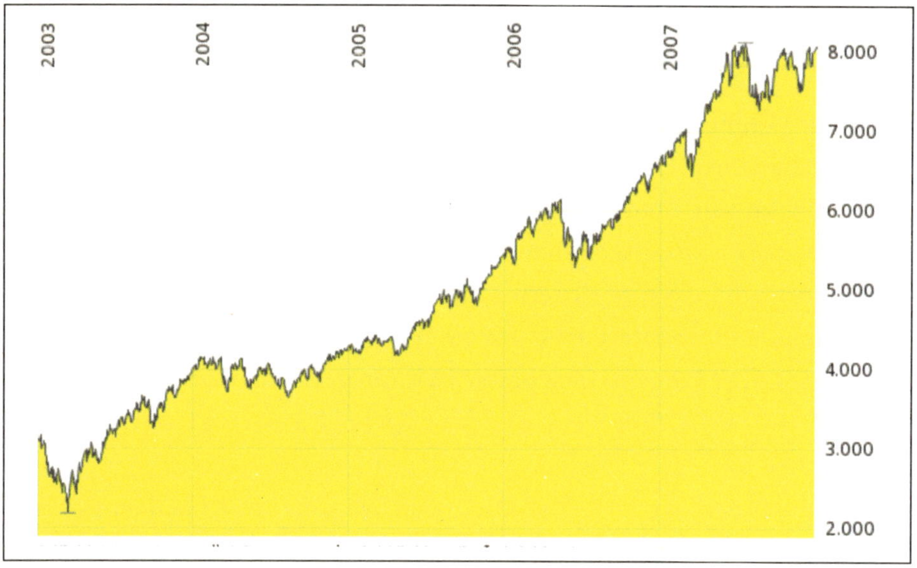

Fünf Jahre lang waren die „Bullen" am Aktienwertmarkt unterwegs – schön zu sehen am DAX im Zeitraum 2003–2008. (Quelle: comdirect.de)

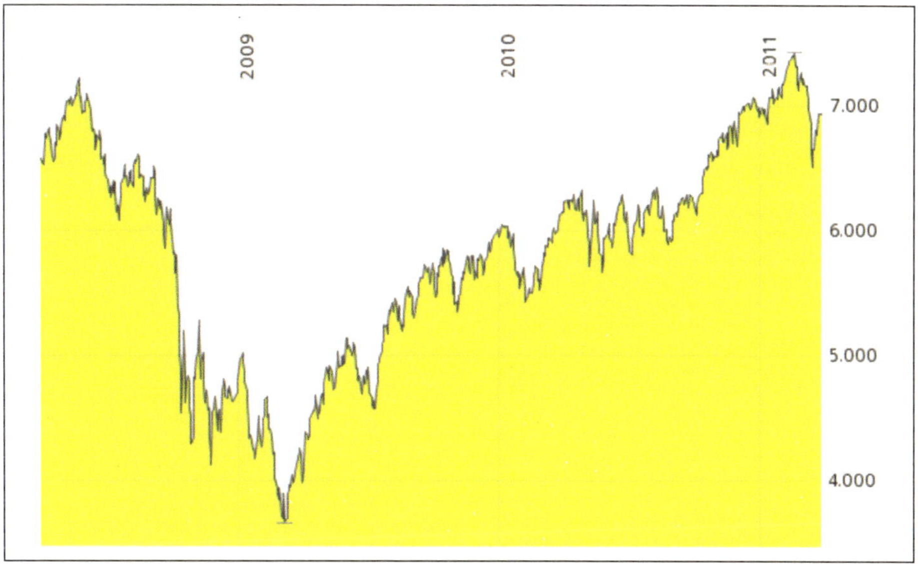

Und hier der folgende „Bärenmarkt" (Baisse) mit einem DAX-Tiefstand von unter 4000 Punkten im Jahr 2009 (also –50 % Minus in wenigen Monaten). (Quelle: comdirect.de)

Das Verhalten einzelner Aktien kann vom Verhalten eines Index wie des DAX abweichen. Denn wenn Unternehmen besonders gute Produkte haben bzw. besonders viel Gewinn erwirtschaftet haben, kann sich der Aktienkurs eines Unternehmens vom Gesamtmarkt abkoppeln. Aber tendenziell verhalten sich viele Firmen-Aktienkurse ähnlich wie der Index. Das ist auch logisch, weil einige Werte ja diesen Index bilden.

3.4.2. Schnell steigende oder fallende Kurse

Eine ähnlich kritische Phase in neuerer Zeit erreichten wir im April 2015: Wenn Sie sich in der folgenden Abbildung den DAX-Chart im Bereich von Ende Oktober 2014 bis Ende April 2015 ansehen, erkennen Sie auf den ersten Blick, dass hier die Notierungen in kürzester Zeit sehr stark gestiegen sind.

Hatte der DAX Mitte Oktober noch Notierungen von etwa 8.600 Punkten aufzuweisen, ist er dann in kürzester Zeit – nämlich innerhalb von etwa 6 Monaten – auf einen Stand von ca. 12.400 Punkten gestiegen. Das ist ein Anstieg um etwa 45 % im Zeitraum eines halben Jahres. Das ist schlicht und ergreifend zu schnell und zu viel.

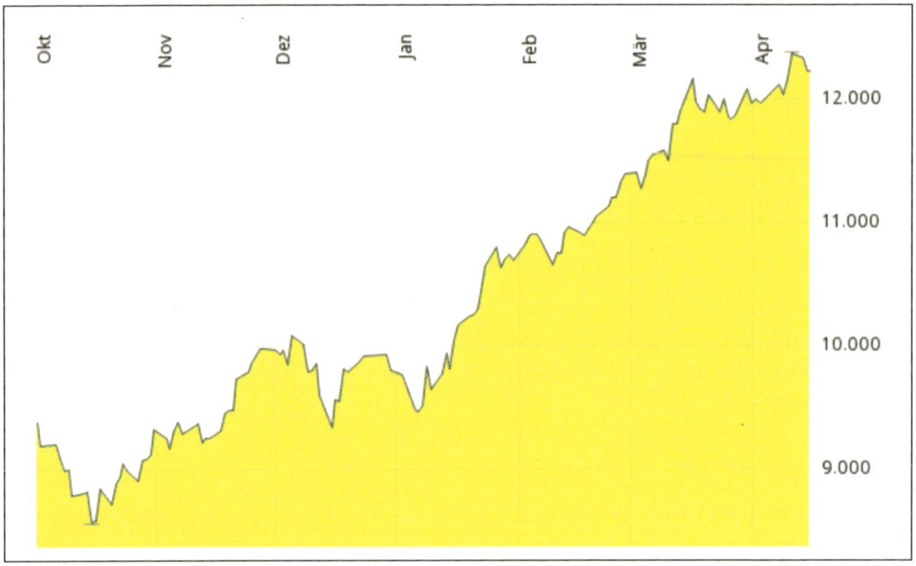

Der DAX zwischen Ende Oktober 2014 und Ende April 2015 (Quelle: comdirect.de)

Altmeister und Börsenlegende André Kostolany fasste das seinerzeit in diesem kurzen Merksatz zusammen: Die Börsenkurse sind wie ein Hund, mit dem man Gassi geht; manchmal eilt er voraus und manchmal läuft er hinterher.

Im April 2015 sind die Börsenkurse eindeutig vorausgeeilt. Da sie in kürzester Zeit sehr stark gestiegen waren, kam das, was kommen musste: Die Börsenkurse gaben schrittweise nach, bis der DAX im Februar 2016 seinen Tiefpunkt mit Notierungen in der Größenordnung von 8.700 Punkten erreicht hatte. Von dort aus ging es erneut aufwärts, bis im März 2017 wieder etwa 12.000 Punkte erreicht wurden.

3.4.3. Zinsniveau

Sie wissen, dass es aktuell nur wenige Guthabenzinsen auf Sparbücher, Girokonten etc. gibt. Vor etlichen Jahren und Jahrzehnten war das komplett anders. Häuslebauer mussten deutlich mehr Kreditzinsen zahlen, und Sparer konnten sich über mehr Zinsertrag für ihr Angespartes auf dem Sparbuch freuen. Aktuell sieht die Situation umgekehrt aus. Das bedeutet, die Sparbuchgeldanlage oder auch die Geldanlage in einer Kapitallebensversicherung ist deshalb so uninteressant, weil die Zinsen so dermaßen niedrig sind.

Was würde nun geschehen, wenn der Zins wieder stiege? Na klar, dann würden viele Anleger den sicheren Hafen der Festgeldanlage oder Anleihen erneut bevorzugen. Denn dort kann man nahezu risikofrei sein Geld für sich arbeiten lassen.

Die Anleger würden wieder beginnen, ihr Geld aus den Aktien zu entnehmen und in festverzinsliche Anlagen und ähnliche Produktgruppen umzuschichten. Die Folge davon wären Aktienverkäufe, und das wiederum würde deren Kurse und die Indizes drücken. In der Summe bedeutet das, dass hohe Zinsen grundsätzlich Gift für die Börse sind und niedrige Zinsen die spekulative Geldanlage an der Börse befeuern.

3.4.4. Medien und die generelle Meinung

Dieser Punkt ist für Menschen, die an der Börse engagiert sind und mit offenen Augen durch die Welt laufen, ein sehr wichtiges Kriterium. Sobald nämlich die Börsenkurse oben und Aktien gefragt sind, wird in allen Medien darüber berichtet, wie etwa „toller Jahresbericht von Siemens, Aktie auf Höchststand“, „DAX erreicht neue Höchstwerte“, „Kaufen Sie jetzt XY, um an den Gewinnen der Börse beteiligt zu sein“ und so weiter.

Wenn Sie derartige Schlagzeilen lesen – und das bereits in herkömmlichen Tageszeitungen –, dann ist höchste Vorsicht geboten: Zu diesem Zeitpunkt sind vermutlich Höchststände an den Börsen erreicht, denn jetzt hat auch Otto Normalverbraucher kapiert, dass es an der Zeit wäre, einzusteigen.

Leider ist es so, dass gerade die deutschen Geldanleger immer dann einsteigen, wenn in allen Medien „zum Einstieg geklingelt wird". Die braven Bürgerinnen und Bürger kaufen dann unglücklicherweise zu Höchstkursen Aktien ein, um oft wenig später die Aktie missmutig zu extrem günstigen Preisen wieder auf den Markt zu werfen. Danach erzählen sie jedem, dass sie wirklich übel hereingefallen sind und ihr Geld nie wieder an der Börse investieren werden. Sicherlich kennen Sie auch jemanden, der mit der „Volksaktie" Telekom kräftige Verluste eingefahren hat.

Besonders eklatant war die Übertreibung um das Jahr 2000 herum. Wenn Sie sich an diese Zeit zurückerinnern, dann wissen Sie vielleicht noch, dass es kaum ein Medium gab, das nicht über den Aktienhype berichtete. Bereits der Postbote, der Bäcker oder Metzger um die Ecke hatten Aktientipps auf Lager, wie man binnen kürzester Zeit sein Geld verdoppeln, verdreifachen, verzehnfachen könne. Der Internethype kannte keine Grenzen und trieb in sehr, sehr kurzer Zeit die Aktien aller Kategorien nach oben. Besonders die Internetunternehmen konnten davon profitieren, selbst Standardwerte wurden von diesem Rausch mit in die Höhe gezogen. Schauen Sie sich beispielsweise den Chart der Allianz-Akte an, die um das Jahr 2000 herum die höchsten Notierungen in der Größenordnung von 400 € aufweisen konnte. Übrigens: Die Allianz-Aktie hat diesen Wert seither (bis zum Jahr 2017) nicht mehr erreicht.

Wenn alle über die Börse reden, von Aktien schwärmen etc., sollten Sie als Anleger skeptisch, vorsichtig und hellwach sein. Genauso verhält es sich in der Gegenrichtung: Wenn keiner mehr Lust und Interesse hat, sich an der Börse zu engagieren, Aktien von wertvollen Unternehmen zu kaufen, wenn die Stimmung dermaßen mies ist, dann sollten Sie als Anleger beherzt zugreifen. Agieren Sie also antizyklisch!

Das alles ist nun natürlich aus der Distanz geschrieben, schnell gelesen, im Kopf abgehakt und verstanden. In der Praxis hingegen ist es wahnsinnig schwer, diszipliniert dieser Grundregel zu folgen und stets antizyklisch zu handeln: dann einkaufen, wenn keiner die Werte haben will, dann verkaufen, wenn alle die Chance sehen, an der Börse schnell zu Reichtum zu kommen. Um gegen den Strom zu schwimmen, benötigen Sie eine Menge Mut und Durchhaltekraft.

Zusammenfassung

› Der DAX entwickelt sich mit im Schnitt 7 bis 8 % je Jahr. Mit ein wenig Geschick werden Sie den DAX schlagen (*Outperformance*). Wichtig ist:

a) Sie brauchen einen finanziellen Grundstock in einem guten Anlageobjekt wie einem ETF.

b) Sparen Sie regelmäßig, um sich so die Schwankungen des Marktes zunutze machen zu können.

c) Tun Sie nie das, was alle tun, und seien Sie skeptisch, wenn Ihnen Aktien empfohlen werden.

d) Investieren Sie in Unternehmen und Länder, die Sie kennen und über die Sie sich informieren können.

e) Bauch schlägt Hirn – oder: Mehr Wissen bringt nicht unbedingt mehr Rendite.

› Oder glauben Sie, dass wir irgendwann einmal aufhören werden, Cola zu trinken, Burger zu essen, Kinder zu bekommen, in Urlaub zu fahren, Computer bzw. Smartphones zu nutzen, Freunde zu treffen etc.? Wenn bei all diesen Aktivitäten irgendwie börsennotierte Unternehmen ins Spiel kommen, dann wissen Sie, wo Sie Ihr Geld investieren können.

„Investieren Sie niemals in etwas, das Sie nicht verstehen.“

Warren Buffet

Kapitel 4
Börsennotierte Anlageprodukte

Nachdem Sie in Kapitel 3 erfahren haben, mit welchen Strategien Sie Geld anlegen können, ist es jetzt an der Zeit, konkrete Anlageprodukte genauer unter die Lupe zu nehmen.
Vergessen Sie dabei nie, was Sie in Kapitel 2 gelernt haben: Eine Geldanlage muss eine ansehnliche Rendite aufweisen, und Sie dürfen niemals den Zeithorizont aus den Augen verlieren.
Wenn Sie z. B. einen DAX-ETF in Ihr Depot legen, so werden Sie unter Garantie über einen Zeitraum von mehr als fünf Jahren faktisch keinen Verlust erleiden. Der Zeitfaktor ist neben der Produktwahl schlicht und ergreifend die absolut wichtigste Komponente, um langfristig erfolgreich sein Geld zu vermehren.
Ich möchte Ihnen im Folgenden vier Anlageprodukte etwas detaillierter vorstellen. Ich bin davon überzeugt, dass Sie mithilfe dieser Anlageprodukte überdurchschnittliche Renditen erwirtschaften können.

4.1. Aktien

Die Geldanlage in Aktien ist die elementarste Option, um an einem prosperierenden Unternehmen als Aktionär beteiligt zu werden. Durch den Kauf einer Aktie, die Sie dann in Ihr Depot legen, sind Sie sozusagen ein Mitinhaber eines Unternehmens. Sie haben die Möglichkeit, bei einer Hauptversammlung Einfluss auf Ihr Unternehmen zu nehmen. Wenn Sie Aktien einer Firma erwerben, identifizieren Sie sich ein Stück weit mit dieser Firma. Es macht durchaus Sinn, dass Sie sich als begeisterter Fahrer eines BMW-Fahrzeugs für das Unternehmen und dessen Aktien interessieren.

4.1.1. Wichtige Kenngrößen

Wenn Sie von der Qualität und von der Perspektive dieser Firma überzeugt sind, dann liegt es nahe, BMW-Aktien in Ihr Depot zu legen. Über den aktuellen Aktienkurs können Sie sich jederzeit mithilfe des Internets informieren. Wenn Sie tatsächlich eine Aktie erwerben wollen, benötigen Sie ein dazugehöriges Kennzeichen. Wenn Sie beispielsweise über comdirect.de die Aktie von BMW aufrufen, werden Sie darunter die Kennzahlen sehen, die Sie benötigen, um diese Aktie zu erwerben. Es handelt sich hierbei um die sogenannte WKN-Nummer (*Wertpapierkennnummer*) bzw. die ISIN-Nummer (*International Securities Identification Number*). Über diese beiden Werte ist eine Aktie eindeutig bestimmt.

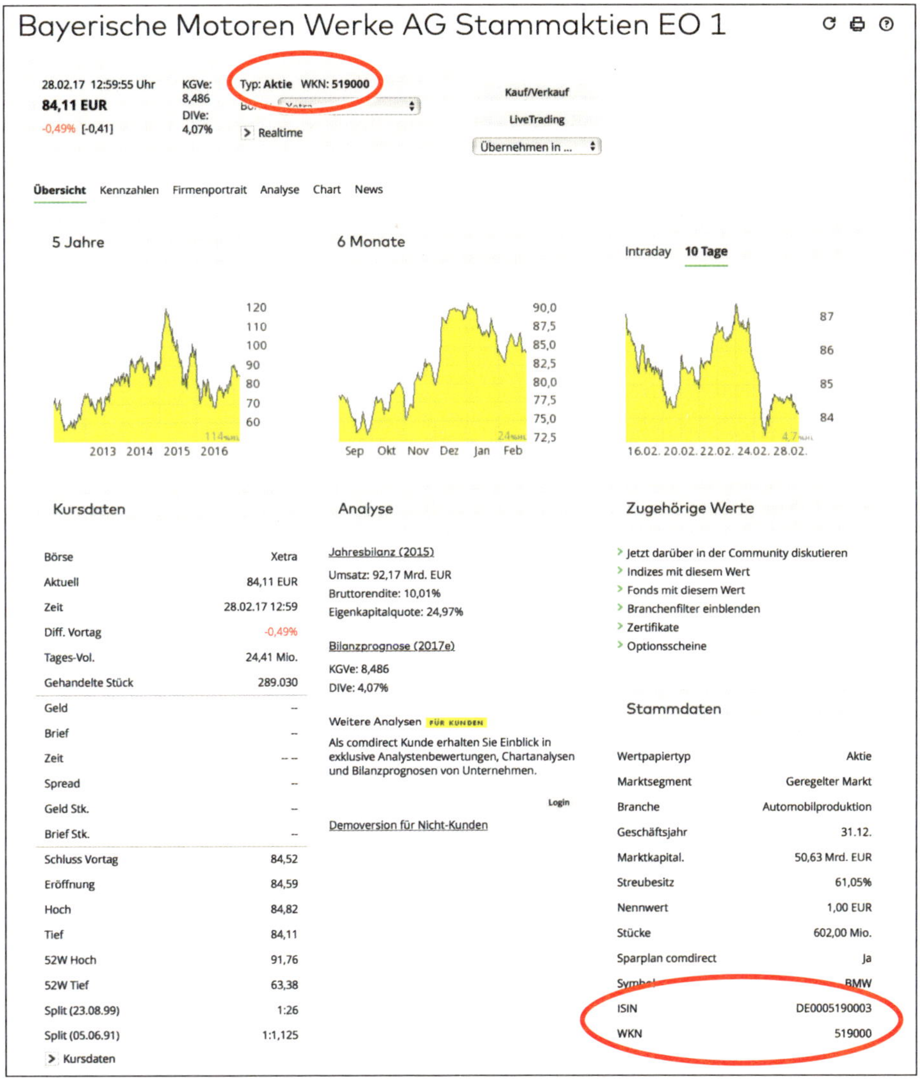

Möchten Sie beispielsweise die BMW-Aktie käuflich erwerben, benötigen Sie dazu die WKN-Nummer 519000 oder ISIN-Nummer DE0005190003. (Quelle: comdirect.de)

Sie sehen übrigens auf der Seite comdirect.de noch weitere, möglicherweise für Ihr Aktien-Investment interessante Informationen. Nämlich einen 52-Wochen-Hoch- und einen 52-Wochen-Tiefkurs. Im Februar 2017 notierte die BMW-Aktie bei 84 €, war aber in den letzten 52 Wochen auch schon mit knapp 92 € notiert und hatte einen Tiefkurs von etwa 63 € aufzuweisen.

Wenn Sie sich für eine Aktie entscheiden, kann es durchaus interessant sein, sich den Trend der Aktie anzusehen. Hat die Aktie aktuell einen guten Lauf? Geht es mit ihr aufwärts? Oder möchten Sie die BMW-Aktie vielleicht mit einem Konkurrenten vergleichen – beispielsweise mit der Daimler-Aktie –, um feststellen zu können, welches der beiden Unternehmen derzeit aktientechnisch gesehen besser läuft?

Diese einfachen Fragen können Sie erneut mithilfe der Internetseite comdirect.de lösen. Wählen Sie dazu den Bereich *Chart* und lassen Sie sich dort beispielsweise den Jahres- oder 5-Jahres-Chart anzeigen. Bei *Durchschnitte/Indikatoren* können Sie den 200-Tage-Durchschnitt zusätzlich als Linie darstellen lassen.

Der gleitende 200-Tage-Durchschnitt ist ein bekannter und oft genutzter Indikator, um den aktuellen Kurs mit dem 200-Tage-Trend zu vergleichen. (Quelle: comdirect.de)

Wie Sie anhand des Bildschirmfotos erkennen, notiert die BMW-Aktie aktuell über der Linie des 200-Tage-Durchschnittes. Sie können übrigens neben dem 200-Tage-Durchschnitt zudem Werte für 100 Tage, 38 Tage etc. anzeigen lassen und so erkennen, ob sich die Aktie grundsätzlich in einem Auf- oder Abwärtstrend befindet.

Die 200-Tage-Linie ist ein sehr populäres Werkzeug, um den aktuellen Kurs einer Aktie mit den gemittelten Werten der letzten 200 Handelstage dieser Aktie vergleichen zu können. Nehmen Sie also einfach die Schlusskurse der letzten 200 Tage und schlagen Sie darüber das arithmetische Mittel. Damit läuft die Kurve zwar der aktuellen Entwicklung hinterher, kann aber als Indikator den Trend anzeigen.

Wenn Sie das Diagramm mit der 200-Tage-Linie etwas genauer verfolgen, dann erkennen Sie oftmals das Muster, dass es im Regelfall stets, wenn ein Aktienkurs die 200-Tage-Linie nach oben durchbricht, auch zu längeren Kursaufschwüngen kommen kann. Genauso sieht es übrigens aus, wenn der Aktienwert die 200-Tage-Linie nach unten durchstößt. Dann ist meistens eine Phase angebrochen, in der die aktuellen Notierungen die 200-Tage-Linie unterschreiten. Dieses Verhalten ist kein in Stein gemeißeltes Gesetz, sondern für Sie als Anleger eher ein zusätzliches Kriterium, ob der Aktienwert gerade oben oder gerade unten ist und ob sich ein Investment rentiert.

Geschichte – Die 200-Tage-Trendlinie am Beispiel des DAX

Wenn Sie die 200-Tage-Durchschnittslinie als einziges Kriterium verwenden, um in den Markt einzusteigen oder ihn wieder zu verlassen, dann müssen Sie natürlich mit Fehlsignalen rechnen. Sie würden jedes Mal dann kaufen, wenn der aktuelle Kurs höher als die 200-Tage-Linie ist, und verkaufen, sobald die Linie wieder nach unten durchschritten wird.

Das funktioniert prima, wenn (wie in den Jahren 2000 und 2008 nach einer langen Hausse) die Kurse nach unten gehen und Sie die 200-Tage-Linie von unten ansehen. Dann hätten Sie die kräftigen Verluste der Jahre 2000–2003 sowie 2009 vermieden. Ebenso ist nach einer Baisse das Durchstoßen der Linie nach oben ein beachtenswertes Kaufsignal. So hätten Sie sich 1999, 2003 und auch 2009 wieder im DAX positioniert und kräftige Gewinne realisiert.

Schwierig hingegen ist der gleitende 200-Tage-Durchschnitt in Seitwärtsbewegungen, wenn sich also nicht viel am Kurs des DAX oder einer Aktie ändert. Da wären Sie häufig zum Handeln gezwungen, würden sich aber nicht wirklich von der Stelle bewegen.

Ergo

Nutzen Sie die 200-Tage-Trendlinie als zusätzliches, aber nicht als ausschließliches Kriterium.

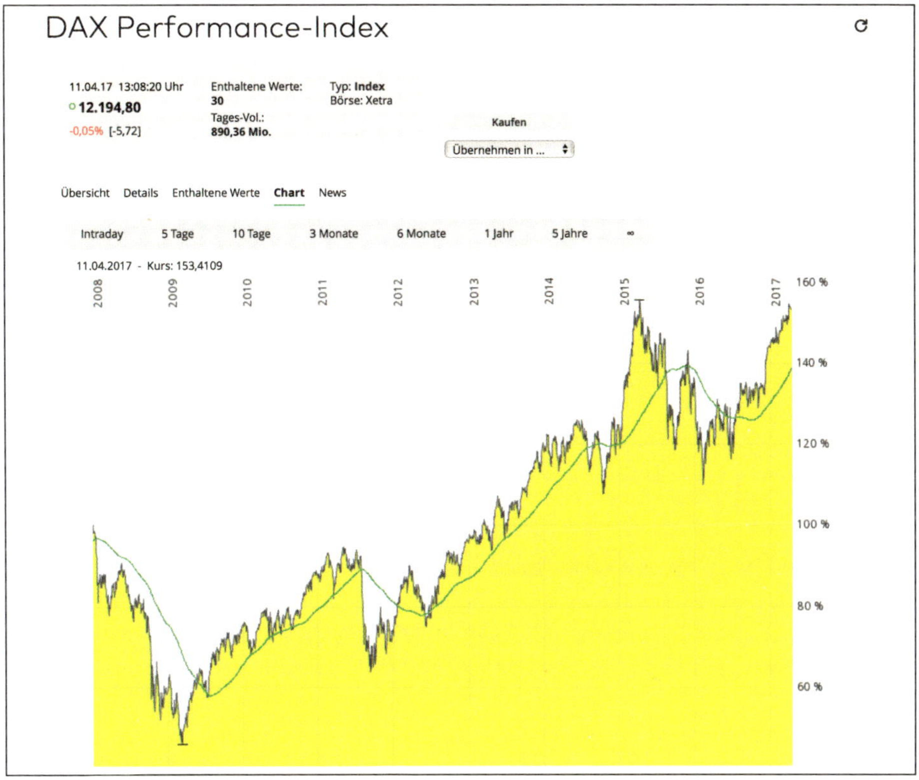

Die grüne Linie zeigt den 200-Tage-Durchschnitt des DAX im Zeitraum 2008 bis 2017. (Quelle: comdirect.de)

4.1.2. Aktienwerte vergleichen

Und auch das ist ganz einfach auf einem Internetportal möglich: Sie können zwei Aktien miteinander vergleichen. Anhand des Bildschirmfotos sehen Sie den Chartvergleich der BMW- mit der Daimler-Aktie über die vergangenen fünf Jahre. Sie erkennen, dass sich die BMW-Aktie in den vergangenen fünf Jahren um etwa 20 % gesteigert hat. Deutlich besser hingegen läuft die Daimler-Aktie, die einen Zuwachs von etwa 50 % aufweisen kann.

Der Vergleich „Daimler versus BMW seit 2012" zeigt, dass die Daimler-Aktie sich deutlich besser als die BMW-Aktie entwickelt hat. (Quelle: comdirect.de)

Um einen derartigen Vergleich herstellen zu können, sollten Sie bei comdirect.de Bereich *Chart* bei *Vergleich* auf *Wertpapier suchen* klicken und dort den Vergleichswert eintragen. Vergessen Sie anschließend nicht, auf *Aktualisieren* zu gehen, um den Chart mit den Vergleichswerten neu zu laden.

4.1.3. Aktien mit einem Benchmark vergleichen

Sehr bekannt und beliebt sind die Vergleiche eines Wertes mit dem entsprechenden Index, in dem er notiert ist – mit dessen Benchmark. So sind beispielsweise sowohl BMW als auch Daimler im DAX notiert. So könnten Sie den Vergleich mit dem DAX zurate ziehen. Wenn Sie dies tun, werden Sie übrigens feststellen, dass sowohl BMW als auch Daimler in den vergangenen fünf Jahren deutlich schlechter liefen als der DAX. Denn der DAX hat sich im gleichen Zeitraum um etwa 70 % nach oben bewegt. Damit Sie den Index zusätzlich im Chart sehen, wählen Sie ihn im Menü unterhalb von *Wert zum Vergleich hinzufügen* aus.

Benchmark-Vergleich: Hier ein Vergleich der beiden Auto-Aktien mit dem DAX (Quelle: comdirect.de)

Durch das Internet haben Sie sehr schnell Zugriff auf kursrelevante Informationen. Aber damit nicht genug: Sie können auf der Seite comdirect.de zudem im Bereich *Kennzahlen* und im Sektor *Firmenportrait* sowie in der Rubrik *News* stöbern, um dort weitere relevante Informationen zu erhalten.

Bleiben wir bei dem Beispiel von BMW und Daimler. Wir schreiben das Jahr 2017. Der Elektromobilität wird vermutlich die Zukunft gehören. Aber weder bei BMW noch bei Daimler gibt es beherzte Schritte in diese Richtung. Im Bereich *News* können Sie nachlesen, ob dem einen oder anderen Unternehmen bereits weitere Fortschritte gelungen sind. Natürlich können Sie sich zudem in Zeitungen und Zeitschriften über Ihr Lieblingsunternehmen informieren.

4.1.4. Die Nadel im Heuhaufen

Wie aber finden Sie Aktien, die sich zum Investieren lohnen? Nun, es gibt eine Fülle von Internetseiten, die Aktienempfehlungen aussprechen. Selbst Zeitungen, Zeitschriften, Börsen-Newsletter etc. sind randvoll mit Aktientipps.

Doch dabei sollten Sie immer eines bedenken: Wenn beispielsweise eine Aktienzeitschrift eine Aktie XY empfiehlt und die Zeitschrift eine Auflage von vielleicht 500.000 Exemplaren hat, dann hat möglicherweise der Redakteur oder das dahinter stehende Unternehmen längst günstig Aktienanteile gekauft, bevor diese Information publiziert wird und will so Kaufwillige vom definitiven Kauf überzeugen.

Kauf- oder Verkaufsempfehlungen von Aktien, die Sie über die Medien bekommen, sind daher stets mit allerhöchster Vorsicht zu betrachten. Besser ist es, wenn Ihnen Bekannte und Freunde gute Aktienempfehlungen geben. Vielleicht haben sie Erfahrungen mit der Aktie über mehrere Jahre, und so können auch Sie von dieser Erfahrung profitieren. Denn ich gehe davon aus, dass Freunde und Bekannte nicht darauf aus sind, Ihnen schlechte Ratschläge zu erteilen. :-)

4.1.5. Wider das Home Bias

Außer den Aktien, die es im deutschen Markt gibt, können Sie natürlich weltweit nach Aktien Ausschau halten. Sie können z. B. im amerikanischen oder asiatischen Markt Aktien erwerben. Allerdings ist es vor allem im internationalen Bereich so, dass nicht jedes Unternehmen weltweit an allen Börsen gehandelt werden kann. Das heißt: Wenn Sie eine Aktie erstehen, werden Sie diese über einen Börsenplatz einkaufen. In Deutschland sind das zum Beispiel der Computerhandel XETRA bzw. die Börsenplätze Frankfurt, München oder Stuttgart etc. Internationale Aktien sind bisweilen auf bestimmte Börsenplätze limitiert. So können Sie möglicherweise amerikanische Aktien lediglich an der New York Stock Exchange erwerben. Dann kaufen Sie die Aktie nicht in der Währung Euro, sondern in Dollar, sodass zusätzlich der Wechselkurs zu berücksichtigen ist.

Was will ich Ihnen damit sagen? Sie haben über Aktien die Möglichkeit, sich weltweit an Unternehmen zu beteiligen und an deren Gewinnen zu partizipieren. In der Regel wird es jedoch so sein, dass Aktien, die im deutschen Markt beheimatet sind, für Sie möglicherweise die erste Wahl sein werden. Warum? Weil Sie schlicht und ergreifend in diesem Land mehr Informationen zu diesen Unternehmen bekommen und so unter Umständen zeitnah reagieren können. Haben Sie beispielsweise in eine Firma in Hong Kong investiert, so kann es durchaus schwieriger werden, regelmäßig Informationen über diese Firma zu erhalten und entsprechend handeln zu können. Aber im Zeitalter des Internets ist mittlerweile fast alles möglich.

4.1.6. Aktienauswahl

Wie wähle ich meine Aktien aus? Ich habe dafür ein sehr einfaches Verfahren. Ich schaue mit offenen Augen in die Welt, um zu erkennen, was sich aktuell bewegt und welche Unternehmen entsprechende Lösungen bzw. Produkte anbieten.

Wenn wir die letzten zwanzig Jahre Revue passieren lassen, so gab es mehrere sehr wichtige Technologien und Trends, die auf uns zugekommen sind, beispielsweise die Einführung des Internets. Firmen, die daran beteiligt waren, die Infrastruktur des Internets zu erstellen (z. B. die Firma Cisco) oder auch Lösungsanbieter im Internet wie Facebook oder Alphabet (der Mutterkonzern von Google) haben beeindruckende Wachstumsraten hingelegt. Der Computer ist in den letzten zwanzig Jahren zu einem Massenprodukt geworden. Deswegen waren Computerhersteller oder Softwarehersteller ein äußerst lukratives Investment. Schauen Sie sich beispielsweise den Aktienkurs der Firma Microsoft oder der Firma Apple über die letzten Jahre an.

Weitere Trends sind die Alterung der Bevölkerung, was so viel bedeutet wie: Immer mehr Menschen werden immer älter und benötigen entsprechend gesundheitliche oder pflegerische Versorgung. Firmen, die in diesem Umfeld tätig werden, finden einen immer größeren Markt und werden deshalb auch, wenn sie ihr Geschäft vernünftig betreiben, immer mehr Umsatz und Ertrag generieren.

Es lohnt sich also mit offenen Augen durch die Welt zu gehen, um dort das eine oder andere Investment zu finden. Natürlich gibt es zudem Aktienanlagen, bei denen man relativ wenige Fehler begehen kann, wie beispielsweise bei dem Kauf einer Nestlé-Aktie. Nestlé ist ein Gigant, was die Herstellung von Nahrungsmitteln aller Art anbelangt. Und Lebensmittel werden immer nachgefragt sein, unabhängig davon, ob wir in Krisenzeiten leben oder ob die Wirtschaft rundläuft. Mit derartigen Aktien werden Sie ein kontinuierliches Wachstum haben. Und als Aktionär können Sie am Wachstum dieses Unternehmens partizipieren.

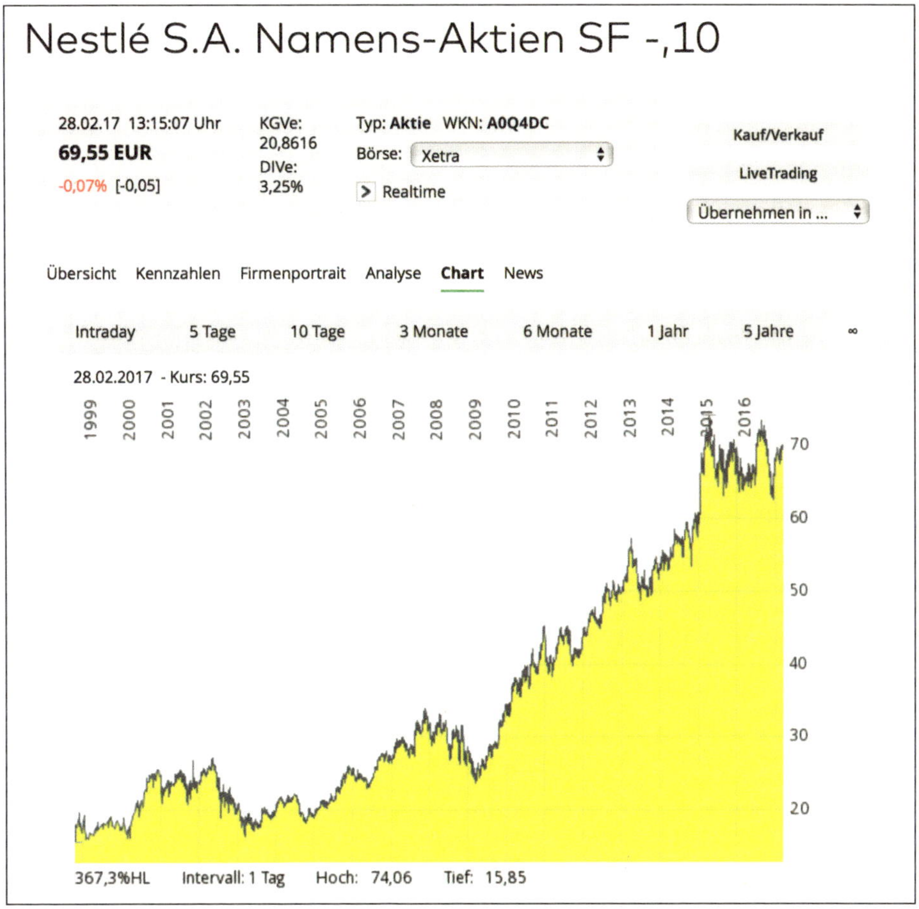

Die Entwicklung der Nestlé-Aktie seit 1999 (Quelle: comdirect.de)

Oder denken Sie beispielsweise an Firmen wie Coca Cola, McDonalds oder Starbucks. Es gibt eine Fülle von Unternehmen, die weltweit agieren, stetig expandieren, ihren Umsatz und Ertrag steigern und an deren Erfolg Sie als Aktionär ganz einfach durch einen Aktienkauf teilhaben können.

Es gibt viele Anleger, die ein definiertes Kriterienmuster haben, nach dem sie Aktien kaufen. Vor allem betriebswirtschaftlich vorgebildete Menschen nehmen die Wirtschaftsdaten einer Firma unter die Lupe. Werte wie KGV (Kurs-Gewinn-Verhältnis), KCV (Kurs-Cash-flow-Verhältnis), KUV (Kurs-Umsatz-Verhältnis), KBV (Kurs-Buchwert-Verhältnis) etc. sind beliebte Entscheidungskriterien, um eine Aktie als günstig oder teuer zu bewerten und diese dann entweder zu kaufen oder zu verkaufen.

Ich halte relativ wenig davon, denn die Zahlen, die man als Anleger bekommt, stammen allesamt aus der Vergangenheit. Was also, wenn die Zahlen der Firma BMW im Vorjahr nicht so gut waren, die Firma aber in diesem Jahr ein revolutionäres neues Elektroauto vorstellen wird? Dann wird der Aktienkurs nach oben schnellen und als Anteilsinhaber (Aktionär) kann ich davon sofort profitieren, egal wie das Zahlenwerk des Unternehmens in der Vergangenheit aussah.

Deshalb finde ich es deutlich effektiver und sinnvoller, darüber nachzudenken, welche Firmen derzeit Produkte herstellen, die besonders viele Menschen oder andere Unternehmen als attraktiv erachten.

Ein weiteres Beispiel hierfür ist die Firma Apple. Man kann es drehen und wenden, wie man will, aber mit dem iPhone hat Apple die Welt verändert. Alle anderen Smartphone-Hersteller versuchen Produkte auf den Markt zu bringen, die den Chic, die Eleganz und die Wertigkeit haben, die ein iPhone besitzt. Der iPhone-Anbieter Apple kann auf einen sagenhaften Kurszuwachs blicken. Wenn Sie davon ausgehen oder vermuten, dass die Firma Apple weiterhin innovativ sein wird, könnte ein Investment in Apple-Aktien für Sie durchaus von Interesse sein.

Die Entwicklung der Apple-Aktie von 2008 bis Anfang 2017: Das iPhone wurde im Jahr 2007 vorgestellt. (Quelle: comdirect.de)

4.1.7. Trend-Aktien entdecken

Es gibt wichtige Strömungen, die die Welt verändern, und es gibt Unternehmen, die Produkte anbieten, die diese Tendenz oder diesen Trend frühzeitig erkennen und damit viel Geld verdienen. Wenn Sie an das Thema Elektromobilität denken, sollte Ihnen z. B. direkt die Firma Tesla in den Kopf kommen.

Beschäftigen Sie sich daher ab und zu mit den sogenannten Megatrends. Ich halte dies für eine höchst effiziente Methode, um Aktienunternehmen auszuwählen.

Und wie entdecken Sie frühzeitig Trends? Es gibt das Zukunftsinstitut (https://www.zukunftsinstitut.de) mit weitsichtigen Experten, die sich darüber Gedanken machen, welche Trends und Strömungen in den nächsten Jahren die Welt verändern werden.

Die Website des Zukunftsinstituts (Quelle: https://www.zukunftsinstitut.de/dossier/megatrends/)

Wenn Sie sich diese Internetseite ansehen, werden Sie eine Reihe von Themen finden, die Ihnen auch im täglichen Leben begegnen, zum Beispiel die Megatrends „Silver Society", „Mobilität", „Sicherheit" und einige mehr. Unternehmen, die in diesen Megatrend-Bereichen Produkte, Dienstleistungen oder Services anbieten, sollten Sie ein ganz besonderes Augenmerk schenken.

Eine zweite wichtige Informationsquelle ist die Liste der wertvollsten Marken der Welt (https://de.wikipedia.org/wiki/Liste_der_wertvollsten_Marken). Dort sehen Sie auf einen Blick die jeweils zehn wertvollsten Marken weltweit. Wenn Sie diese Liste anschauen, entdecken Sie dort die Produkte bzw. Dienstleistungen, die aktuell am meisten nachgefragt werden. Über diese Aktien sollten Sie als Investor nachdenken. Übrigens: Diese Liste wird jährlich aktualisiert.

2016 [Bearbeiten | Quelltext bearbeiten]

Interbrand					
Platz[27]		Marke	Markenwert [Mrd US-$]	Ursprung	Veränderung in Prozent
	1	Apple	178,119	USA	+ 5
	2	Google	133,252	USA	+11
	3	Coca-Cola	73,102	USA	- 7
	4	Microsoft	72,795	USA	+ 8
▲	5	Toyota	53,580	Japan	+ 9
▼	6	IBM	52,500	USA	-19
	7	Samsung	51,808	Südkorea	+14
▲	8	Amazon	50,338	USA	+33
▲	9	Mercedes-Benz	43,490	Deutschland	+18
▼	10	General Electric	43,130	USA	+ 2

Das Marktforschungsinstitut Interbrand listet jedes Jahr die wertvollsten Marken weltweit auf. (Quelle: wikipedia.de)

4.2. Investmentfonds

Wenn Sie die obigen Ausführungen über die Geldanlage in Aktien gelesen haben, dann könnte es sein, dass Sie sagen: „Nein, mein sauer verdientes Geld auf einzelne oder mehrere Unternehmen zu setzen – das ist mir doch zu riskant."

Sicher haben Sie in den letzten Wochen und Monaten die Geschichte von VW mitverfolgt und mitbekommen, dass im Nachgang der Diesel-Affäre der Aktienkurs in kürzester Zeit um 50 % eingebrochen ist. Können Sie sich noch an den Höhenflug der berühmten Telekom-Aktie erinnern, die ab dem Jahr 2000 nur noch eine Richtung kannte, nämlich von ihrem Maximalstand aus wie ein Stein zu fallen? Die Telekom-Aktie hatte in ihrer Spitzenzeit einen Aktienwert von über 100 € und ist dann auf einstellige Werte unter 10 € gefallen. Derzeit (Frühjahr 2017) befindet sie sich bei Werten um die 16 €. Käufer der Telekom-Aktie haben seit 2000 bis heute sechs Siebtel ihres Geldes verloren und nur noch ein Siebtel behalten.

4.2.1. Ruhig schlafen durch Diversifikation

Wo viel Licht ist, da ist viel Schatten. Eine höhere Rendite erwirtschaften Sie – und da beißt die Maus keinen Faden ab – immer mit einem höheren Risiko. Und, das sei auch noch gesagt, wenn Sie Ihr Geld in dedizierten Aktien anlegen, sollten Sie dabei immer auf eine gesunde Mischung achten. Das heißt: Es macht wenig Sinn (und das wird Ihnen jeder Vermögensberater bescheinigen), all Ihr Geld in einer Aktie anzulegen.

Das Stichwort heißt *Diversifikation*. Das bedeutet, Sie sollten Ihr Geld auf mehrere Werte streuen und so ein gut strukturiertes Depot aufbauen. Streuung heißt nichts anders als Aktienwerte verschiedener Branchen in ein Depot zu legen – ein wenig aus der Automobilbranche, etwas aus der IT-Branche, ein bisschen aus der Pharmabranche, ein paar Aktien aus dem Kommunikationsbereich, etwas aus dem Nahrungs-/Genussmittelbereich, vielleicht auch Banken und Versicherungen etc. Und Sie sollten bei der Aktienanlage darauf achten, dass Sie Werte kaufen, die eine signifikante Börsenkapitalisierung aufweisen. Denn besonders bei Unternehmen, die gering kapitalisiert sind, kann der Börsenwert aufgrund von positiven oder negativen Nachrichten sehr stark schwanken.

Börsenkapitalisierung

Die Börsenkapitalisierung eines Unternehmens finden Sie über das Internet heraus. Wenn Sie beispielsweise die schon häufig angesprochene Comdirect-Website ansteuern, sehen Sie diesen Zahlenwert direkt nach der Eingabe der WKN-Nummer auf der ersten Seite. Schauen Sie dazu in den Bereich *Stammdaten*. Dort ist dieser Wert unter *Marktkapital* zu finden. Sie sehen ebenfalls, wie viele Aktien des Unternehmens existieren („Stücke") und wie viele davon sich im sogenannten „Streubesitz" befinden. Klicken Sie noch auf *Firmenporträt*, um die „Aktionärsstruktur" zu begutachten.

Wenn Sie sich entschlossen haben, dass Sie Ihr Geld zwar in börsennotierten Unternehmen anlegen wollen, aber die Aktienauswahl nicht Ihr Business ist, dann ist es eine gute Idee, etwas oder jemanden dazwischenzuschalten, der sich um Ihr Aktienportfolio kümmert.

Ein derartiges Produkt existiert. Man nennt es *Investmentfonds*. Wenn Sie Kunde einer Sparkasse sind, haben Sie vielleicht schon einmal von Ihrem Bankberater Deka-Fonds angeboten bekommen. Dem Raiffeisenbank-Kunden hingegen werden Union-Fonds angepriesen. Die Unternehmen Deka, Union und ebenso DWS (Deutsche Bank) sind namhafte Unternehmen im deutschsprachigen Raum, die eine Fülle von Investmentfonds anbieten. Ein Investmentfonds ist schlicht und ergreifend nichts anderes als ein Korb von Aktien, um den sich ein Fondsmanager oder ein Fondsmanager-Team kümmert. Das heißt: Schlechte Werte werden verkauft, gute Werte werden hinzugekauft. So versuchen Fondsmanager, ihren Fonds gut aufzustellen und damit möglichst viel Rendite zu erwirtschaften.

„Das hört sich doch prima an!", werden Sie sagen. Ja, in der Summe ist es auch prima. Sie haben dann jemanden, der tagaus, tagein nichts anderes tut, als sich darum zu kümmern, Ihr sauer verdientes Geld zu vermehren. Sie als Anleger kaufen sich einen bestimmten Anteil eines Investmentfonds und erhalten mindestens einmal jährlich einen Report, in dem Sie die Entwicklung Ihres Fonds nachlesen können. Bei vielen Investmentfonds können Sie die Informationen ebenfalls über das Internet und damit topaktuell bekommen.

4.2.2. Service kostet eben Gebühren

Häufig können Sie Investmentfonds monatlich besparen und damit über den bereits besprochenen Cost-Average-Effekt von schlechten Börsenphasen überproportional profitieren. Wo aber ist der Nachteil von Investmentfonds? Ganz einfach: Das Fondsmanagement-Team muss bezahlt werden, damit es seine Arbeit leisten kann. Und wer bezahlt das? Natürlich Sie als Anleger, wer denn sonst? Und diese Dienstleistung zehrt wiederum an Ihrer Rendite, die Sie schlussendlich erhalten.

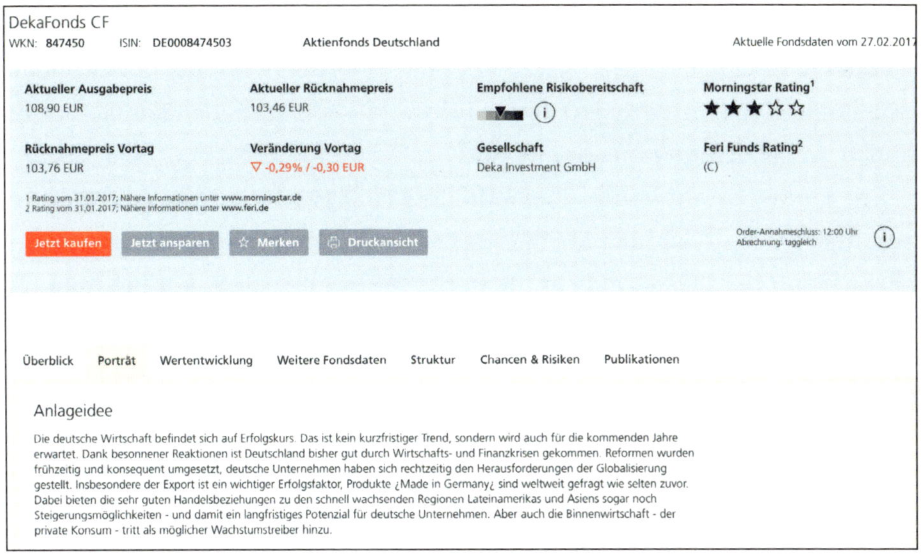

Informationen zu einem Investmentfonds (Quelle: deka.de)

In dieser Abbildung sehen Sie Informationen zum Deka-Fonds CF mit der WKN 847450. Sie erkennen, dass der Ausgabepreis aktuell bei 108,90 € liegt und der Rücknahmepreis bei 103,46 €. Würden Sie jetzt diesen Fonds kaufen und ihn eine Stunde später wieder verkaufen, hätten Sie etwa 5 % an Gebühren verloren.

Sie können sich außerdem jederzeit über das Internet Informationen besorgen, in welchen Unternehmen dieser Fonds sein Geld anlegt. Der Deka-Fonds schreibt in seinem Porträt, dass die deutsche Wirtschaft auf Erfolgskurs sei, und deshalb werden deutsche Firmen in diesen Fonds hineingekauft. Wenn Sie weiter im Bereich *Struktur* nachlesen, dann sehen Sie zudem, aus welchen Branchen diese Firmen stammen. So erkennen Sie, dass der Deka-Fonds zu etwa 20 % an Industrieunternehmen beteiligt ist und nur zu etwa 16 % an Finanzdienstleistern und zu etwa 11 % am IT-Bereich.

Diese und andere Informationen erhalten Sie heutzutage über das Internet. Ich erinnere mich noch gut daran, wie ich vor 30 Jahren in der Bank stand und mir mein Bankmitarbeiter von der Raiffeisenbank Union-Fonds empfohlen hat. Damals hatte ich faktisch keine alternative Informationsquelle zur

Verfügung. Ich musste dem glauben, was mir der Bankmitarbeiter und die Prospekte der Firma sagten. Jetzt, über das Internet, kann ich in Sekundenbruchteilen ein ganzes Spektrum an Informationen bezüglich meines Fonds finden, in den ich investieren möchte.

Ein Fonds ist eindeutig über eine WKN- bzw. ISIN-Nummer gekennzeichnet. Deshalb können Sie diesen Fonds mit seinem Benchmark vergleichen. Wenn der Deka-Fonds in deutsche Werte investiert, könnte man als Benchmark (Vergleichsindex) beispielweise den DAX zurate ziehen. Und genau das können Sie machen, wenn Sie über die Website comdirect.de den Deka-Fonds auswählen und als Vergleichskurve zusätzlich den DAX einblenden lassen.

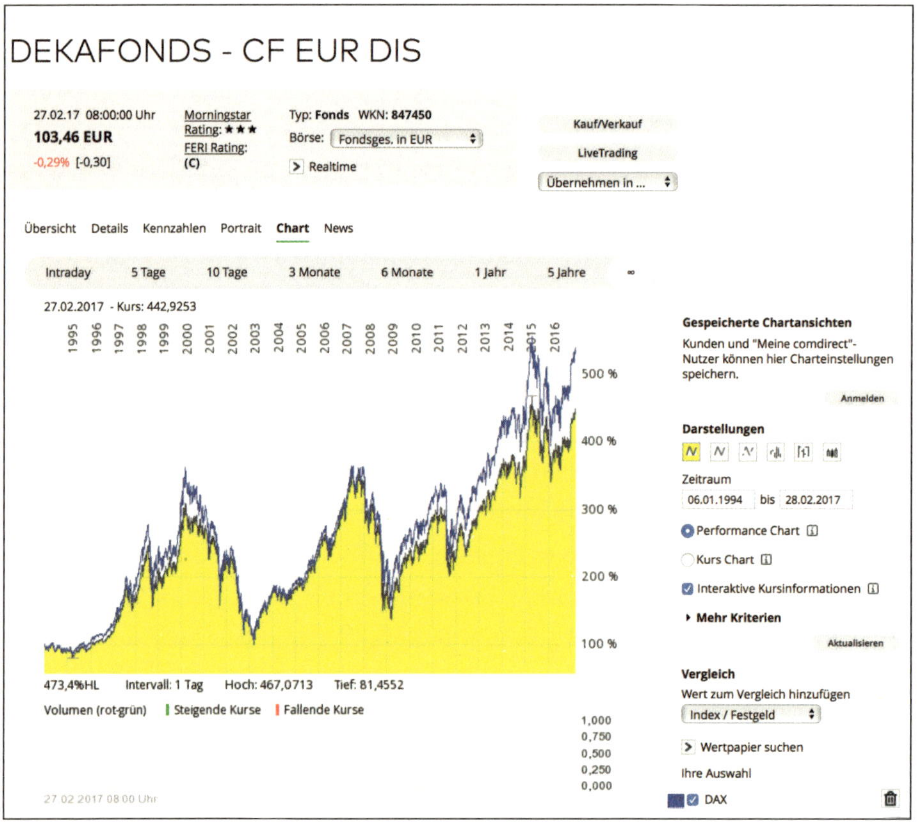

Vergleich eines Deka-Fonds mit dem DAX (Quelle: comdirect.de)

Sie sehen, dass der Deka-Fonds, da er als Investmentziel deutsche Unternehmen hat, in der Summe ähnlich läuft wie der DAX. Allerdings entwickelte er sich doch eine Idee schlechter. In der Abbildung sehen Sie die Kursdaten von 1994 bis 2017. Dabei erkennen Sie, dass der Deka-Fonds um etwa 450 % gewachsen ist, wohingegen der DAX etwa 550 % Wertsteigerung aufweisen kann.

Warum schaffen es Fonds im Regelfall nicht – und wir reden hier von 80 % aller Investmentfonds – ihren Vergleichsindex zu schlagen?

a) Viele Investmentfonds sind darauf ausgelegt, *permanent investiert zu sein*. Das bedeutet, der Fondsmanager muss oftmals in Aktien investiert bleiben, selbst wenn er merkt, dass die Situation aktuell für Aktien nicht optimal ist. Er würde lieber die Aktien verkaufen und das Geld auf die hohe Kante legen, um bei günstigen Kursen erneut mit Käufen zuzuschlagen.
b) Weiterhin reagiert ein Fondsmanager bzw. ein Fondsmanager-Team manchmal erst nach dem Bekanntwerden von Ereignissen. Stellen Sie sich vor, dass eine Firma XY hervorragende Quartalszahlen bekannt gibt. Die Aktie springt um 10 % nach oben und ist in aller Munde. Der Fondsmanager kauft nun die Aktie ein und läuft dem Trend hinterher. In die andere Richtung zeigt sich oftmals ein ähnliches Bild: Die Aktie stürzt nach unten, und damit der Fondsmanager weitere Verluste vermeidet, wird er diese Aktie verkaufen und in einen anderen Wert umschichten.

Natürlich gibt es Fondsmanager, die proaktiv im Markt unterwegs sind. Sie prüfen, ob es unterbewertete Werte gibt und kaufen diese Werte dann in ihr Portfolio ein. Aber in der Summe ist es leider so, dass nur etwa ein Fünftel aller Investmentfonds tatsächlich in der Lage sind, den Vergleichsindex zu schlagen.

Doch, wer suchet, der findet – und das gilt auch für Investmentfonds: https://www.finanzpartner.de/topfonds/. Auf dieser übersichtlich strukturierten Internetseite finden Sie eine Fülle hervorragender Fonds.

Übersicht zu Investmentfonds
(Quelle: https://www.finanzpartner.de/topfonds/)

Anhand dieser Website sehen Sie zudem, dass Sie mit Investmentfonds bequem in allen Regionen dieser Welt investieren können.

Der Vorteil von Investmentfonds liegt, wie schon erwähnt, auf der Hand: Sie können mit einer Einmalsumme oder mit wiederkehrenden Summen in Form von Ansparplänen investieren.

4.2.3. Fonds: „Gibt's nicht" gibt's nicht

Wahrscheinlich gibt es mittlerweile mehr Investmentfonds als Aktien. Der Kreativität der Finanzbranche scheint keine Grenze gesetzt zu sein. Über Investmentfonds können Sie sich an Aktien, Rohstoffen, Immobilien, Schiffen, Kinofilmen etc. beteiligen. Viele Fonds-Anteile sind börsentäglich handelbar, andere (wie geschlossene Immobilienfonds) können nur zu bestimmten Zeitpunkten veräußert werden. Aktienfonds können die ausbezahlten Dividenden sofort reinvestieren. Diese Fonds nennt man auch *thesaurierende Fonds*. Den Gegensatz dazu bilden Investmentfonds, die diese Beträge an die Investoren ausschütten.

Haben Sie schon einmal etwas von *Hedgefonds* gehört? Das sind aktiv gemanagte Fonds mit oftmals hohen Gewinnchancen. Wie Sie bereits wissen, „bezahlen" Sie Rendite mit Risiko. Den Chancen steht damit ein nicht unerhebliches Verlustrisiko gegenüber.

Und selbstverständlich können Sie über Fonds Ihr Geld nur in bestimmten Branchen oder Regionen anlegen. Es gibt hier tatsählich alles, was das Anlegerherz begehrt.

Die Frage ist: Gibt es denn nicht ein Anlageprodukt bei dem man, ähnlich wie bei Aktien, gute Renditen erwirtschaftet und wie bei Investmentfonds zudem eine Diversifikation hat und das alles für einen geringeren Aufpreis? Ja, diese Anlageform gibt es, und sie wurde bereits mehrfach erwähnt: die sogenannten ETFs, auch Indexfonds genannt.

4.3. ETF – Exchange Traded Fund – Indexfonds

Sie haben im Laufe der Lektüre dieses Buches schon gelernt, dass Indizes wie der DAX aus den besten und wertvollsten Unternehmen, die es in Deutschland gibt, zusammengesetzt sind. Es wäre doch deshalb sehr naheliegend und ebenso ein sehr einfaches Anlageinstrument, genau in diese Unternehmen zu investieren. Natürlich könnten Sie, wie in Abschnitt 4.1, „Aktien", beschrieben, einen Aktienkorb zusammenstellen, der den Index in Ihrem Depot nachbildet. Das allerdings ist eine Mordsarbeit und eine Mühe, die Sie sich nicht zu machen brauchen. Denn es gibt ETFs, die auf der Basis des DAX investieren.

4.3.1. Diversifikation II

Der DAX wird aus 30 deutschen Unternehmen zusammengesetzt, zu denen unter anderem Adidas, die Allianz, BASF, Bayer, BMW, Daimler, die Deutsche Post, die Lufthansa, die Deutsche Telekom genauso wie MunichRe, SAP, Siemens und Volkswagen zählen.

Wenn Sie Ihr Geld in einen DAX-ETF investieren, partizipieren Sie an der Entwicklung dieser 30 deutschen Unternehmen mit der höchsten Marktkapitalisierung (Anzahl der Aktien multipliziert mit dem Aktienkurs). Sollte wider Erwarten ein Unternehmen aufgrund schlechter wirtschaftlicher Rahmendaten den DAX verlassen müssen, dann bestimmt die Deutsche Börse automatisch einen Nachfolger, der in den DAX aufsteigen darf. Denn der DAX repräsentiert die 30 umsatzstärksten und größten Unternehmen Deutschlands. Kleinere Unternehmen sind im MDAX (50 Werte) abgebildet, und der SDAX ist ein Querschnitt der sogenannten *Small Caps* aus wiederum

50 Unternehmen. Im TecDAX finden Sie die größten Technologiewerte aus Deutschland mit Unternehmen wie Nordex, Wirecard, XING, Freenet etc.

Zusammensetzung [Bearbeiten | Quelltext bearbeiten]

Die Tabelle zeigt alle Unternehmen im DAX (Stand: 19. Dezember 2016)

Name	Branche	Logo	Indexgewichtung in %	(Letzte) Aufnahme	Sitz	Bundesland
Adidas	Bekleidung	adidas	2,89	22. Juni 1998	Herzogenaurach	Bayern
Allianz	Versicherungen	Allianz	7,67	1. Juli 1988	München	Bayern
BASF	Chemie	BASF	8,68	1. Juli 1988	Ludwigshafen am Rhein	Rheinland-Pfalz
Bayer	Chemie und Pharma		8,69	1. Juli 1988	Leverkusen	Nordrhein-Westfalen
Beiersdorf	Konsumgüter	Beiersdorf	0,84	22. Dez. 2008	Hamburg	Hamburg
BMW	Automobilproduktion		3,11	1. Juli 1988	München	Bayern
Commerzbank	Banken	COMMERZBANK	0,88	1. Juli 1988	Frankfurt am Main	Hessen
Continental	Automobilzulieferer	Continental	2,14	24. Sep. 2012	Hannover	Niedersachsen
Daimler	Automobilproduktion	DAIMLER	7,58	21. Dez. 1998[1]	Stuttgart	Baden-Württemberg
Deutsche Bank	Banken		2,70	1. Juli 1988	Frankfurt am Main	Hessen
Deutsche Börse	Börsen	DEUTSCHE BÖRSE GROUP	1,43	23. Dez. 2002	Frankfurt am Main	Hessen
Deutsche Lufthansa	Luftfahrt	Lufthansa	0,65	1. Juli 1988	Köln	Nordrhein-Westfalen
Deutsche Post	Logistik	Deutsche Post DHL Group	3,17	19. Mär. 2001	Bonn	Nordrhein-Westfalen
Deutsche Telekom	Telekommunikation	T	5,45	18. Nov. 1996	Bonn	Nordrhein-Westfalen
E.ON	Versorger	e.on	1,37	19. Juni 2000[1]	Essen	Nordrhein-Westfalen
Fresenius Medical Care	Medizintechnik	FRESENIUS MEDICAL CARE	1,80	20. Sep. 1999	Hof an der Saale	Bayern
Fresenius	Medizintechnik	FRESENIUS	3,12	23. Mär. 2009	Bad Homburg vor der Höhe	Hessen
HeidelbergCement	Baustoffe	HEIDELBERGCEMENT	1,39	21. Juni 2010	Heidelberg	Baden-Württemberg
Henkel	Konsumgüter	Henkel	2,10	1. Juli 1988	Düsseldorf	Nordrhein-Westfalen
Infineon Technologies	Halbleiter	Infineon	1,99	21. Sep. 2009	Neubiberg	Bayern
Linde	Industriegase und Anlagenbau	THE LINDE GROUP	3,06	1. Juli 1988	München	Bayern
Merck	Chemie und Pharma	MERCK	1,36	18. Juni 2007	Darmstadt	Hessen
Munich Re	Versicherungen	Munich RE	3,03	23. Sep. 1996	München	Bayern
ProSiebenSat.1 Media	Medien		0,84	21. Mär. 2016	Unterföhring	Bayern
RWE	Versorger	RWE	0,59	1. Juli 1988	Essen	Nordrhein-Westfalen
SAP	Standardsoftware	SAP	8,41	18. Sep. 1995	Walldorf	Baden-Württemberg
Siemens	Elektrotechnik	SIEMENS	10,03	1. Juli 1988	Berlin und München	Berlin und Bayern
ThyssenKrupp	Stahl	thyssenkrupp	1,09	25. Mär. 1999[1]	Essen und Duisburg	Nordrhein-Westfalen
Volkswagen	Automobilproduktion	VOLKSWAGEN	2,59	1. Juli 1988	Wolfsburg	Niedersachsen
Vonovia	Immobilien	VONOVIA	1,38	21. Sep. 2015	Düsseldorf	Nordrhein-Westfalen

Wer gehört zum DAX? (Quelle: wikipedia.de)

Sie als DAX-ETF-Anleger müssen sich nicht um die einzelnen Firmen scheren, denn der DAX-ETF investiert ausschließlich in den DAX, unabhängig davon, welche Unternehmen sich derzeit in diesem Konglomerat befinden.

Der DAX ist übrigens ein Performance-Index. Unternehmen schütten bisweilen Dividenden aus. Wenn Sie selbst an einem Unternehmen mit Aktien beteiligt sind, dann erhalten Sie die Dividendenausschüttung auf Ihr Konto. Wenn Sie in einen DAX-ETF investiert haben, nehmen Sie an der Entwicklung des DAX teil. Wie sieht es mit der Dividendenausschüttung aus? Ganz einfach: Die Dividendenausschüttungen werden nach einem Rechenverfahren in den DAX eingerechnet. Das heißt: Ihr DAX-ETF wird sich parallel dazu entwickeln. Andere Indizes wie der Dow Jones oder der NASDAQ sind keine Performance-Indizes. Ausgeschüttete Dividenden werden nicht in den Indexstand mit einkalkuliert.

Die Geldanlage in einem ETF bringt Ihnen:

- bereits dadurch eine Diversifikation Ihrer Anlage, dass sich eben in einem DAX-ETF zugleich 30 Aktien befinden, und
- eine im Vergleich zu Investmentfonds deutlich günstigere Kostenstruktur, denn Sie zahlen lediglich bei Kauf und Verkauf eine geringe Gebühr, um den Wert in das Depot zu legen bzw. wieder aus dem Depot herauszunehmen. Sie sparen sich dabei die Kosten für das Fondsmanagement oder eine andere Verwaltungsinstitution, weil der DAX-ETF schlicht und ergreifend genauso abgebildet wird wie eben der DAX. Hinzu kommt bei einem ETF bisweilen noch eine geringe Jahresgebühr (TER – siehe Anhang).

ETFs gibt es nicht nur auf der Basis des Deutschen Aktienindex. Sie können ETFs auf der Basis des MDAX, des SDAX oder anderer Aktienindizes wie Dow Jones, NASDAQ, S&P500, Nikkei etc. erwerben. Weiterhin gibt es ebenso ETFs für Rohstoffe und noch einiges mehr.

Wenn Sie sich darüber zusätzlich informieren möchten, finden Sie hier eine kostenlose digitale Broschüre: https://www.ishares.com/de/individual/de/literature/brochure/investor-guide-to-etfs-de.pdf.

Unter der Webadresse www.ishares.com erhalten Sie eine Übersicht zahlreicher ETF-Produkte mit deren Kennzahlen und Fakten.

Übrigens

Es gibt zwei Arten von ETF-Produkten. Die einen sind die *physisch replizierenden ETFs* und die anderen nennen sich *derivatebasierende ETFs* oder auch *Swap-ETFs*.

Physisch replizierende ETFs bilden einen Index komplett oder partiell ab und kaufen die gleichen Werte wie die, die im Vergleichsindex enthalten sind. Somit wird ein derartiger DAX-ETF die Gewichtung der Werte des DAX-Index nachbauen.

SWAP-ETFs hingegen werden mit sogenannten Finanzderivaten (also Tauschprodukten – eben *Swaps*) bestückt. Dadurch besteht ein gewisses Risiko. Als Anleger sollten Sie eher physisch replizierende ETFs bevorzugen.

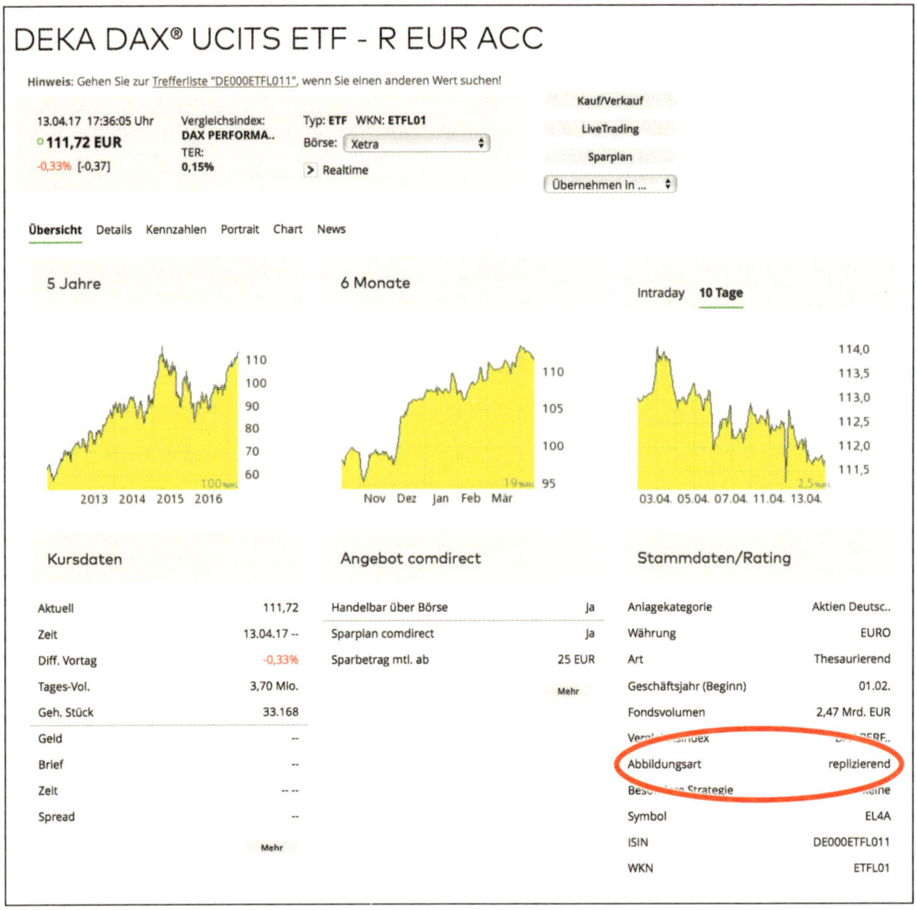

Wenn Sie einen ETF auf der Website von „comdirect.de" aufgerufen haben, finden Sie im Bereich Übersicht rechts unterhalb der Grafiken die Stammdaten/ Rating-Informationen. Dort ist bei Abbildungsart zu sehen, ob es sich eben um einen physisch replizierenden oder um einen Swap-ETF handelt.

Was passiert eigentlich, wenn das Institut bzw. die Bank, bei der Sie ETFs bezogen haben, pleitegeht? Nun, genauso wie Investmentfonds oder Werte Ihres eigenen Depots gelten ETFs als Sondervermögen und werden so behandelt, als hätten Sie ein Schließfach bei dem Institut – und da darf schlichtweg keiner dran. Das Geld bzw. der ETF gehört ausschließlich Ihnen!

4.3.2. Geldanlage ETF – so oder so

Sie können bei den ETF-Produkten durch eine Einmalanlage investieren. Sie können aber auch mit etwas manueller Arbeit einen ETF ansparen. Eröffnen Sie dazu ein Girokonto und legen Sie Ihre Sparrate von monatlich 200 oder 300 € dort ab. Nach Abschluss eines Vierteljahres nehmen Sie die angesparte Summe und investieren diese in ein ETF-Produkt.

Oder wählen Sie einen Dienstleister, der Ihnen einen „richtigen" Sparplan anbietet, sodass Sie Monat für Monat Ihr Sparvorhaben direkt in einen ETF umsetzen können. Weitere Informationen hierzu lesen Sie im Kapitel 6.2 ab Seite 173.

Ein ETF ist ein perfektes Instrument, um an der Börse Geld zu vermehren. Denn über ein ETF-Produkt partizipieren Sie an der Entwicklung einer Fülle von Unternehmen, die in einem Index zusammengefasst sind.

Erinnerung

Denken Sie bitte nochmals daran, dass insbesondere der DAX im Sommer stets schlechter läuft als im Winter. Aber das ist kein Problem, denn Sie können ja Ende April Ihren DAX-ETF verkaufen und dann im Oktober meist zu tieferen Kursen wieder zurückkaufen und so von den starken Winterhalbjahren profitieren und das meist eher schwache Sommerhalbjahr ignorieren.

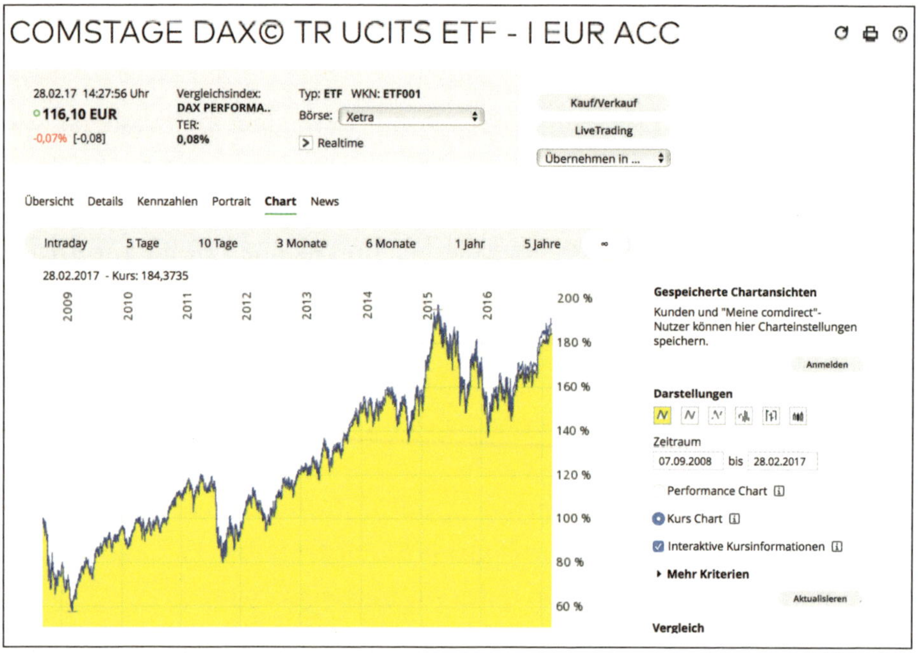

Im Chart sehen Sie einen DAX-ETF in Aktion – er läuft schlichtweg genauso wie eben der DAX (blaue Linie). (Quelle: comdirect.de)

Dem Internet sei Dank! In kürzester Zeit können Sie sich durch eine Google-Suche noch deutlich weitgehender über das Thema ETF informieren. Selbst bei ETFs kennt die Fantasie keine Grenzen. Es gibt nicht nur ETFs auf der Basis von Indexzertifikaten, selbst Rohstoffe, Edelmetalle, Immobilien und viele andere Dinge mehr können mit einem ETF gekauft werden, um damit an diesen Märkten zu partizipieren.

Als eine mögliche Internetadresse für weitere Informationen empfehle ich Ihnen www.justetf.com. Aber auch viele weitere Internetseiten werden Sie über ETFs informieren, z. B. https://www.etf-investmentfonds.de/.

Um es noch einmal zu wiederholen: Ein ETF ist ein hervorragendes Produkt, weil es Sie nicht dazu zwingt, selbst Aktien auszuwählen, wie in Abschnitt 4.1 beschrieben. Ein ETF bringt nicht die nachteilige Gebührenstruktur von Investmentfonds mit sich. Trotzdem gibt Ihnen ein ETF mit einer breiten Streuung ein sicheres Anlageinstrument an die Hand.

Besonders elegant ist die Möglichkeit, Ihren ETF-Wert sozusagen jederzeit im Blick zu haben. Wenn Sie bei einem DAX-Stand von 8.000 Punkten Ihren DAX-ETF gekauft haben und der DAX dann auf 12.000 Punkte geklettert ist, wissen Sie, dass Ihr ETF den gleichen Sprung von 50 % genommen hat. Gibt der DAX um 20 % nach, wird sich Ihr DAX-ETF ebenfalls um 20 % verbilligen.

Hinweis

Gibt ein Wert um 50 % nach, muss er danach um 100 % steigen, um den vorherigen Wert wieder zu erreichen.

Das Unkomplizierte daran ist: Den aktuellen DAX-Stand bekommen Sie sogar, ohne Ihren Computer oder Ihr Smartphone bemühen zu müssen. Wenn Sie Fernsehen schauen, werden Sie darüber informiert; selbst Tageszeitungen und Zeitschriften geben die wichtigsten Indexstände wieder. So sind Sie ohne Mühe jederzeit darüber informiert, wie es Ihrer Geldanlage aktuell geht.

ETFs verfügen über eine WKN und können übrigens genauso wie Aktien jederzeit über die Börse sowohl gekauft und verkauft werden. Bei Investmentfonds ist das bisweilen nicht immer der Fall. Dort kann manchmal eine Order nur zu bestimmten Zeiten oder eben mit Zeitverzögerung ausgeführt werden. Eine Auswahl von ETF-Produkten habe ich für Sie im Anhang ab Seite 201 zusammengestellt, so daß Sie gleich loslegen können.

4.4. Warren Buffett und Berkshire Hathaway

Von Warren Buffett (https://de.wikipedia.org/wiki/Warren_Buffett) haben Sie sicher schon gehört. Er ist der aktuell erfolgreichste Börseninvestor mit jahrzehntelanger Erfahrung. Sein Unternehmen Berkshire Hathaway hat zahlreiche Investoren zu Millionären gemacht. Doch die Aktie ist nicht mehr ganz günstig – circa eine Viertel Million Euro müssen Sie hinblättern, um an diesem Erfolg zu partizipieren (WKN: 854075). Doch es geht auch günstiger: Mit dem Wertpapier WKN: A0YJQ2 können Sie schon für rund 150 € an der Entwicklung von Berkshire Hathaway teilhaben.

Berkshire Hathaway ist eine Beteiligungsgesellschaft, die gemäß der Anlagephilosophie von Warren Buffett Anteile (also Aktien) von Unternehmen erwirbt und auf Wertsteigerungen hofft. In der Vergangenheit hat das sensationell gut funktioniert.

War ein Anteil im Jahr 1980 noch für ca. 260 Dollar zu haben, ist die Aktie nunmehr bei etwa 260.000 Dollar gelandet. Das ist eine Vertausendfachung in einem Zeitrahmen von 37 Jahren und damit im Schnitt eine Wertsteigerung von 20 % Jahr für Jahr.

Wenn Sie so wollen, ist Berkshire Hathaway ein „Investmentfonds" unter der Leitung des Managers Warren Buffett.

Die Werte, in die Warren Buffett investiert, sind für viele Anleger ein Muss. Sie versuchen, es dem Altmeister gleichzutun und dieselben Werte in ihr Depot zu legen.

Kaufen Sie, wenn Sie von seiner Idee überzeugt sind. Doch auch hier ist – wie bei allen Aktieninvestments – natürlich etwas Vorsicht geboten: Warren Buffett, Jahrgang 1930, ist nicht mehr der Jüngste. Es bleibt abzuwarten, ob seine Nachfolger das fantastische Wachstum von Berkshire Hathaway fortführen können.

Geschichte

Viele Menschen denken ständig darüber nach, wie sie mehr Geld verdienen können. So ist hinlänglich bekannt, dass beispielsweise ein Studium dazu berechtigt, höherqualifizierte Aufgaben anzunehmen und entsprechend mehr Geld zu verdienen.

Selbstständige oder Unternehmer gehen ein hohes Risiko ein und verdienen deshalb im Regelfall gutes Geld. Selbst Arbeitnehmer versuchen, auf der Hierarchieleiter des Unternehmens nach oben zu kommen, um mehr Geld zu verdienen. Geld verdienen und mehr Geld verdienen scheint also in den Genen vieler Menschen angelegt zu sein.

Interessant ist übrigens ebenso, dass Menschen beim Geldausgeben sehr kreativ sind – im Gegensatz zur Geldanlage. Schnell wird ein Auto mit einem Grundpreis von 30.000 € durch wichtige essenzielle Zusätze auf 40.000 oder gar 45.000 € aufgerüstet. Da spielt interessanterweise das Geld kaum eine oder gar keine Rolle. Würden diese 10.000 oder 15.000 € an Mehrkosten in einer vernünftigen Geldanlage investiert, könnte dies ein wichtiger Beitrag zur finanziellen Sicherheit und vielleicht zur finanziellen Freiheit in einigen Jahren sein.

Übrigens: In den Vereinigten Staaten von Amerika, aber auch ebenso in den skandinavischen Ländern ist eine vernünftige Geldanlage und damit eine Anlage in Aktien gängige Praxis. So hatten beispielsweise 56 % Prozent der Amerikaner im Jahr 2011 Geld im Aktienmarkt.

Vielleicht interessiert Sie zusätzlich dieser Artikel:
https://www.comdirect.de/cms/media/broschuere_studie_proaktie_16_03_16.pdf

Zusammenfassung

- Faktisch gibt es zwei völlig unterschiedliche Anlagemöglichkeiten:
- Nutzen Sie entweder die Autopilotfunktion eines Investmentfonds, eines ETF-Produkts oder eines Gurus wie Warren Buffett. Sie müssen sich um nichts kümmern und können Ihrem Geld beim Wachsen zusehen. Bevorzugen Sie ETF-Produkte wegen des besseren Preis-Leistungs-Verhältnisses im Vergleich zu Investmentfonds. Nutzen Sie hingegen Investmentfonds, wenn es sich um interessante Branchen oder Länder handelt, bei denen ein Experte notwendig ist, um aktiv agieren zu können.
- Oder picken Sie sich selbst wertvolle Aktienperlen heraus. Sie profitieren doppelt: erstens, indem Sie eine höhere Performance erreichen können, und zweitens, indem Sie zusätzlich mit Dividendenzahlungen Ihr Taschengeld aufbessern können. Rechnen Sie hierbei aber mit einem höheren zeitlichen Bedarf, um Ihr Depot ständig aktuell zu halten.

„Über das Wochenende hat man Ruhe und Zeit, um sich Gedanken über die Börse zu machen, und dann kann man nach reifer Überlegung die Strategie entwickeln und Pläne schmieden.“

André Kostolany

Kapitel 5

Wie sieht Ihre Strategie aus?

In diesem Kapitel sehen wir uns an, wie Sie Ihr Vermögen ausgehend von einem soliden Grundstock durch Ansparen vermehren können. Ich zeige Ihnen aber auch, wo die Gefahren lauern. Diese stecken nicht so sehr in der Wirtschaftsentwicklung, sondern in der Persönlichkeit des Einzelnen: Brauchen Sie plötzlich auch den schicken Neuwagen, den Ihr Nachbar seit letzter Woche vor der Garage parkt? Jetzt ist Vorsicht angebracht: Ungeduld und Unvernunft drohen, Ihnen einen Strich durch Ihre Vermögensbildung zu machen. Daher sollten Sie Ihre Anlagestrategie definieren und einen Plan aufstellen, wohin Ihre finanzielle Reise gehen soll.

5.1. Ein solider Grundstock

Wenn Sie die Informationen aus den Kapiteln 1 bis 4 aufmerksam gelesen haben, dann wissen Sie, dass zwei Kriterien für den langfristigen Anlageerfolg wichtig sind:

- der Zeithorizont
- das Anlageprodukt

Reden wir noch einmal über den zeitlichen Horizont. Je länger eine Geldanlage laufen kann, desto positiver wird sich diese Geldanlage für Sie entwickeln. Durch den Zinseszinseffekt bekommt Ihre Geldanlage umso mehr Dynamik, je länger sie läuft.

Wenn Sie einen zeitlichen Horizont von 30 oder gar 40 Jahren im Blick haben, lässt es sich kaum vermeiden, dass Sie ein ansehnliches finanzielles Polster aufbauen werden. Als Produkt eignet sich an dieser Stelle definitiv die Geldanlage in einen Indexfonds (ETF). So können Sie Ihre Geldanlage ständig im Blick behalten und sie mit der und Buy-and-hold-Strategie im Laufe der Jahrzehnte vermehren.

Wenn Sie zusätzlich noch einen Hebel einbauen möchten, empfehle ich Ihnen bei DAX-ETF-Werten, die Winterhalbjahre für die Geldanlage an der Börse zu bevorzugen und in den Sommermonaten das Geld aus der Anlage zu entnehmen. So haben Sie zweimal im Jahr faktisch etwas zu tun, und den Rest der Zeit können Sie ruhig und entspannt genießen.

Sicher gibt es in den Winterhalbjahren immer mal wieder kurzfristige Irrungen und Wirrungen – wenn beispielweise Wahlen anders ausgehen, als die meisten Beobachter dies auf dem Schirm hatten, oder wenn urplötzlich irgendwo auf der Welt Terrororganisationen oder Kriege für Aufruhr sorgen. Als Daueranleger sollten Sie hier aber die Nerven behalten und an Ihrer langfristigen Anlagestrategie festhalten.

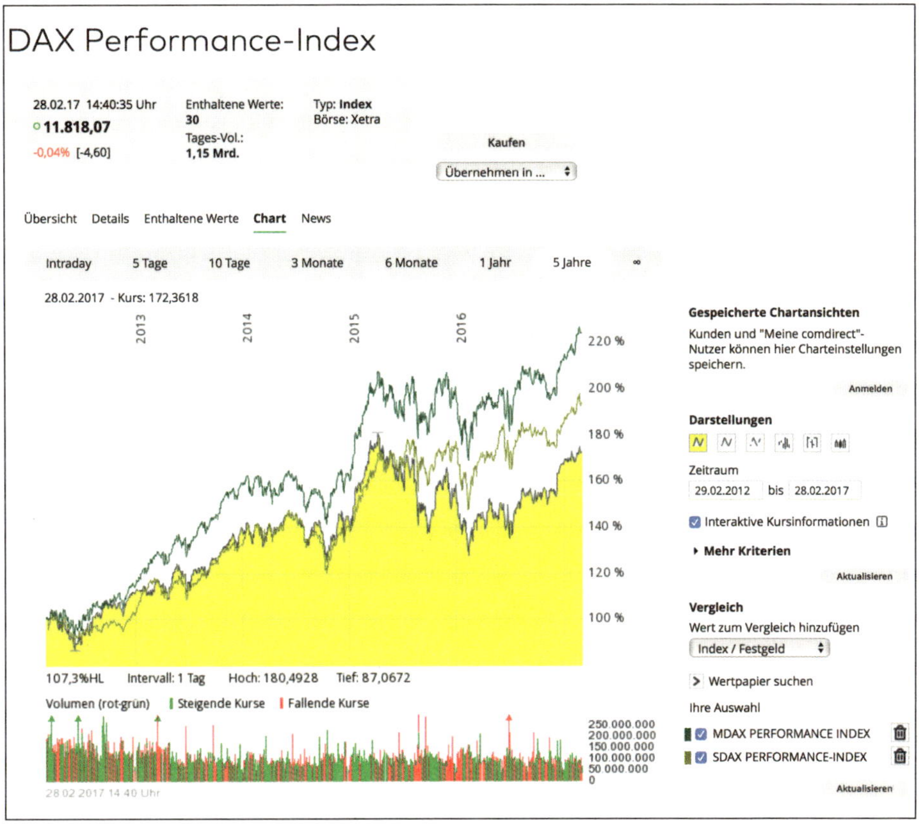

Der DAX und seine Verwandten: der MDAX und der SDAX (Quelle: comdirect.de)

Außerdem muss es nicht immer ein ETF auf den DAX sein. Denn es gibt zusätzlich zwei weitere deutsche Aktienindizes, die sich mit kleineren Unternehmen beschäftigen:

- den sogenannten SDAX, der sich um die *Small Caps* kümmert und dabei fünfzig kleinere Unternehmen zu einem Index zusammenfasst, und
- den MDAX, der ebenfalls fünfzig Werte umfasst und aus Unternehmen besteht, die weder die Größe von DAX-Unternehmen noch die Größe von SDAX-Unternehmen haben.

Über das Internet können Sie sehr zügig die aktuelle Zusammensetzung sowohl des MDAX als auch des SDAX herausfinden. Und wie Sie dem Chart oben entnehmen können, sind der SDAX und der MDAX-Index in den letzten Jahren deutlich besser gelaufen als der DAX.

Deshalb sollten Sie darüber nachdenken, auch ein ETF-Produkt auf diese Indizes zu erwerben. Denn genauso, wie ich schon bei den Aktien sagte, dass es wenig Sinn macht, eine einzige Aktie zu besitzen, kann es ebenso sinnvoll sein, mehrere ETF-Werte zu nehmen und so Ihre Rendite möglicherweise zu steigern. Wenn Sie zum Beispiel 30.000 € zur Verfügung haben, ist es ein solider Grundstock, je 10.000 € auf DAX-, MDAX- und SDAX-ETFs zu verteilen. Lassen Sie diese Anlagen in jedem Fall langfristig laufen.

5.2. Ansparen inklusive des Cost-Average-Effekts

Als ich 1987 zum ersten Mal Geld an der Börse investierte, habe ich damit bereits einen Grundstock geschaffen. Durch mein späteres Studium und die Erwerbstätigkeit konnte ich natürlich weiter Monat für Monat Geld auf die Seite legen, in verschiedenen Produkten ansparen und es so wachsen lassen. Genau das empfehle ich Ihnen auch: Größere Summen sollten Sie langfristig anlegen, aber dabei nicht vergessen, zusätzlich jeden Monat einen Sparbetrag in entsprechende Produkte anzulegen. Auch hier gilt wieder, dass der lange Atem den Gewinn macht und für Sie eine interessante Rendite erzielt. Wenn Sie monatlich 200 € über einen Zeitraum von 30 Jahren ansparen und das mit einem Anlageprodukt, das 7 % erwirtschaftet, so werden Sie am Ende über ein Vermögen von ca. 190.000 € verfügen können.

Wenn Sie Ihre Sparanlage gar über einen Zeithorizont von 40 Jahren laufen lassen können, zahlen Sie insgesamt 96.000 € ein, um die Geldanlage aufzubauen. Bei einer jährlichen Wertsteigerung von 7 % verfügen Sie danach über ein Vermögen von ca. 370.000 €. Und das Ganze können Sie jetzt natürlich proportional hochrechnen. Wenn Sie statt 200 € nun 300 € pro Monat ansparen oder gar 400 €, dann können Sie die vorhin genannten Werte einfach proportional skalieren. Bei 400 € haben Sie nach 40 Jahren ca. 740.000 € auf der hohen Kante (und das bei einem Kapitaleinsatz von 192.000 €).

Das besonders Schöne am monatlichen Ansparen ist, dass Sie, ob Sie es wollen oder nicht, über den Cost-Average-Effekt noch einen zusätzlichen Hebel eingebaut haben. In Börsenzeiten, in denen die Kurse niedrig sind, kaufen Sie automatisch mehr Anteile; und wenn die Kurse höher sind, kaufen Sie weniger Anteile. Ergänzen Sie Ihre Geldanlage durch regelmäßiges Sparen in ein Anlageprodukt, das in irgendeiner Form Aktien oder börsennotierte Unternehmen enthält. Sie können ETFs besparen, Sie können aber auch, wenn Sie mit den Ausgabeaufschlägen und Gebühren zufrieden sind, ebenso Investmentfonds besparen. Das ist in jedem Fall besser, als gar nichts zu tun!

5.3. Ungeduld und Unvernunft

Das größte Problem bei der Geldanlage, wie ich sie in Abschnitt 5.1 und 5.2 beschrieben habe, besteht darin, dass Sie vorzeitig das Geld herausnehmen wollen. Sie haben vielleicht durch eine Erbschaft 10.000 € bekommen, diese in einen DAX-ETF gesteckt und daraus nach zehn Jahren Anlagezeit 20.000 € daraus gemacht.

Sie sind jetzt vielleicht 30 Jahre alt, wollen heiraten und legen nun das Geld in einem Grundstück an oder verwenden es als Anzahlung für eine Immobilie. Dann sind die 20.000 € futsch! Das Problem sind nicht die 20.000 €, die weg sind, sondern das Problem ist, dass Sie viele Jahre Anlagezeit verloren haben.

Denn aus den 20.000 € wären, mit ca. 7 % Wertentwicklung gerechnet, nach weiteren zehn Jahren 40.000 € geworden, nach noch einmal weiteren zehn Jahren 80.000 und nach weiteren zehn Jahren 160.000 €.

Das heißt: Wenn Sie zu Ihrem 20. Geburtstag 10.000 € erhalten haben und mit 7 % jährlicher Wertsteigerung kalkulieren, verfügen Sie nach 40 Jahren über ca. 160.000 € – Ihr Geld hat sich versechzehnfacht. Wenn Sie das Geld zu Ihrem 30. Geburtstag entnehmen, ist diese Chance vertan, und vor allem sind zehn Jahre Anlagezeit dahin.

Dies ist das ganz große Problem, das viele Anleger haben: Irgendwann werden sie ungeduldig und entnehmen das Geld. Bodo Schäfer, der vor etlichen Jahren das Buch „In 7 Jahren die erste Million“ verfasst hat, nannte die Sache „die goldene Gans“.

Stellen Sie sich vor, dass Sie eine Gans haben, die jedes Jahr ein goldenes Ei legt. Mit dem goldenen Ei können Sie allerhand anstellen. Wenn Sie aber die Gans schlachten, wird sie kein Ei mehr legen. Genauso verhält es sich mit der Disziplin, diesen Anlagehorizont durchzuhalten.

5.3.1. Immobilienfinanzierung mal anders

Ich möchte Ihnen die Situation noch einmal an einem anderen Beispiel erklären. Stellen Sie sich vor, Sie wollen eine Immobilie erwerben. Zu diesem Zweck müssen Sie bei der Bank ein Darlehen aufnehmen, denn Ihre vorhandenen Mittel reichen nicht aus, um die Immobilie direkt zu bezahlen. Folgende Werte wollen wir jetzt mal unterstellen:

Einkommen	2500
fixe Ausgaben	1300
Immobilie (Zins + Tilgung)	800

1. Stellen Sie sich vor, Sie verfügen zusammen mit Ihrem Partner bzw. Ihrer Partnerin über ein Nettoeinkommen von 2.500 €. Sie haben fixe Ausgaben von 1.300 € pro Monat, und Sie möchten nun eine Immobilie finanzieren, die in Form von Zins und Tilgung zusammenaddiert 800 € monatlich kosten würde. Wie komme ich auf die 800 €? Sie sind im 25. Lebensjahr, und das Darlehen, das Sie aufnehmen, soll 200.000 € betragen. Dann beträgt beispielsweise der Zinsaufwand (nehmen wir 2 % pro Jahr an), 4.000 €, und wenn ich eine Tilgung von 2,8 % im ersten Jahr unterstelle, zahlen Sie zusätzlich 5.600 € pro Jahr an Darlehen zurück, sodass Sie eine gesamte Belastung von 800 € im Monat haben (9.600 € je Jahr).

   Dann verhält sich die Geschichte folgendermaßen: Nach 27 Jahren hätten Sie das Darlehen bei Ihrer Bank zurückbezahlt, Sie hätten 0 € Schulden. Als Vermögen verfügen Sie über die nunmehr schuldenfreie Immobilie. Aber Sie wohnen in dieser Immobilie. Die Immobilie ist sozusagen nicht flüssig. Die Belastung in jedem Monat wäre bis dahin 800 € über einen Zeitraum von 27 Jahren gewesen. In der Summe also ca. 260.000 €. Und Sie sind mittlerweile 52 Jahre alt.

2. Betrachten Sie nun folgende Alternative: Sie verwenden einen Teil des Geldes nicht für die Tilgung des Darlehens, sondern setzen es dafür ein, beispielsweise einen DAX-ETF anzusparen (7 % Wertsteigerung im Schnitt je Jahr). Hatten Sie bisher eine Tilgung von 5.600 € im ersten Jahr, tilgen Sie in diesem Modell den Kredit nur mit 2.800 €, sodass die anderen 2.800 € (also damit 233 € je Monat) zum Ansparen zu Verfügung stehen.

   Sie hätten nun genauso insgesamt 260.000 € in den 27 Jahren bezahlt, hätten allerdings die Tilgung geringer gehalten, sodass Sie auf Ihrer Immobilie noch eine Restschuld von 100.000 € hätten. Aber das angesparte Vermögen beläuft sich mittlerweile auf ca. 217.000 €, zuzüglich einer Immobilie mit einer Resthypothek von 100.000 €.

Alter: 52	Darlehen Immobilie	Darlehen + Ansparen
Laufzeit	27 Jahre	27 Jahre
insgesamt gezahlt	260.000	260.000
Restschuld	0	100.000
Vermögen	Immobilie	Immobilie (Restschuld: 100.000) + 217.000
Belastung je Monat	800	800

3. Nehmen wir weiter an, Sie tun sich nun folgenden Gefallen: Von Ihrem angesparten Vermögen bezahlen Sie die Immobilie *nicht* ab (Sie haben 217.000 € in Ihrem Depot und könnten die 100.000 €, die noch als Restschulden auf der Immobilie sind, locker bezahlen). Stattdessen belassen Sie die Situation so, wie sie ist, und sparen einfach konsequent bis zu Ihrem 65. Lebensjahr weiter, sodass Sie insgesamt 40 Jahre ansparen konnten.

Alter: 65	Darlehen + Ansparen
Laufzeit	40 Jahre
insgesamt gezahlt	384.000
Restschuld	31.000
Vermögen	Immobilie (Restschuld: 31.000) + 580.000
Belastung je Monat	800

Insgesamt haben Sie dann von 384.000 € eingezahlt. Sie haben auf Ihrer Immobilie noch eine minimale Restschuld von etwa 31.000 €, denn Sie haben die geringere Tilgung weiterhin über die nächsten Jahre fortgesetzt. Ihr Vermögen ist mittlerweile eine Immobilie (mit einer Belastung von etwa 31.000 €) und ein Depot, das auf etwa 580.000 € angewachsen ist. Dabei setze ich immer voraus, dass Sie 800 € pro Monat in Ihre Idee „Immobilie + Ansparen" gesteckt haben. Sie sind nun 65 Jahre alt. Sie haben eine fast schuldenfreie Immobilie, die Sie locker von Ihrem Depot bezahlen können, und verfügen zudem über ein restliches Vermögen von knapp 550.000 €. Mit diesem Geld lässt sich Ihre Rente prima aufbessern.

Warum ist das Beispiel so interessant? Weil es zeigt, wie stark Ihr Depot im Laufe der Zeit anwachsen kann.

Wenn Sie noch einmal die Werte vergleichen: Nach 27 Jahren Depotlaufzeit haben Sie rund 217.000 € im Depot, und wenn Sie das Depot noch 13 Jahre länger füttern, können Sie auf einen Wert von etwa 580.000 € blicken.

Ich denke, Sie haben gesehen, dass Ihre Geldanlage mit der Dauer kräftig an Fahrt gewinnt. Hätten Sie die Immobilie bis zu Ihrem 52. Lebensjahr abbezahlt und keine Ansparleistungen nebenbei geleistet, würden Sie mit 52 zwar über eine abbezahlte Immobilie verfügen, hätten aber 0 € auf Ihrem Bankkonto oder in Ihrem Depot. Bis zum Eintritt in das Rentenalter mit vielleicht 65 oder 67 Jahren hätten Sie nur 13 bzw. 15 Jahre Zeit, ein Geldvermögen anzusparen. Aber 13 oder 15 Jahre sind entschieden zu kurz, um ein ansehnliches Vermögen auf die hohe Kante zu bringen.

Unterschätzen Sie zudem nicht, wie viel Geld Sie für einen entspannten Ruhestand benötigen werden. Statistisch gesehen werden die Menschen a) immer älter und b) im Alter immer agiler und benötigen deshalb auch mehr Geld, um ihren Lebensstandard aufrechtzuerhalten. Selbst Krankheiten im Alter sind kostspielig, ebenso wie gute Heime oder eine Betreuung mit Personal zu Hause. Ich weiß, es ist unangenehm, in jungen Jahren über so etwas nachzudenken. Aber leider kann man sich den eigenen körperlichen und geistigen Zustand im Alter nicht ausrechnen, nur wünschen. So wäre es an dieser Stelle ratsam, sich den persönlichen Lebensabend mit allen Eventualitäten ausführlich auszumalen und sich zu überlegen, wie dieser aussehen kann, selbst wenn man krank werden würde.

Auf dieser Internetseite können Sie sich Ihren Geldbedarf für den Ruhestand bequem ausrechnen: http://ludwig-laux.de/wie-viel-geld-brauche-ich-im-alter/

5.3.2. Geldvermögen für jeden Anlass

Betrachten wir eine andere Situation: Angenommen, Sie haben Nachwuchs bekommen. Herzlichen Glückwunsch! In vielen Familien war es bislang üblich, ein Sparbuch anzulegen und dort Geld für die eigenen Kinder anzusparen, über das sie dann im Alter von 18 oder vielleicht 20 Jahren verfügen können. Eine gute Idee?

Vergessen Sie das Sparbuch heutzutage! Legen Sie regelmäßig einen Betrag in einem Investmentfonds oder einem ETF an. Angenommen, Sie besparen nun eine Geldanlage, die 7 % pro Jahr erwirtschaftet, mit 100 € monatlich. Dann kann Ihr Kind nach 18 Jahren über einen Betrag von knapp 38.000 € verfügen. Dabei haben Sie nur 21.600 € einbezahlt.

Oder Sie sind 19 Jahre alt und beginnen Ihre Berufsausbildung oder ein Studium. Sie sind sich der Tatsache bewusst, dass Sie mit 67 Jahren, also in etwa knapp 50 Jahren, in Rente gehen werden. Wie Sie sicher wissen, ist die

Rente zwar sicher, aber die Rentenhöhe alles andere als komfortabel. (Im Jahr 2017 liegt die durchschnittlich ausbezahlte Rente der Deutschen Rentenversicherung bei nur etwa 1.300 €!)

Wenn wir davon ausgehen, dass a) die Menschen immer älter werden und b) immer weniger Menschen im Erwerbsleben stehen, dann wird sich dieses ganze Konstrukt noch deutlich stärker zu einer Seite neigen, nämlich zu der, dass die Rentenansprüche immer geringer werden. Die Lücke, die auf diese Weise entsteht, können Sie komfortabel dadurch schließen, indem Sie bereits in jungen Jahren beginnen, konsequent Monat für Monat einen Betrag anzusparen, und zwar in ein Produkt, das eine vernünftige Rendite abwirft. Wenn Sie Monat für Monat lediglich 50 € einbezahlen und dieses Produkt dann nach 50 Jahren zur Auszahlung kommt, könnten Sie über ein Vermögen von ca. 170.000 € verfügen – und das bei einbezahlten 30.000 €.

Es ist schon faszinierend, was über einen langen Ansparzeitraum durch diese kontinuierliche Wertentwicklung zusammenkommt. Mit 170.000 € schließen Sie wahrscheinlich Ihre Rentenlücke zu Beginn des Renteneintrittsalters noch nicht. Aber wir haben ja mit dem Wert von 50 € gerechnet. Wenn Sie die Sparrate über diese Laufzeit auf 100 € hochziehen, dann sind es immerhin schon 340.000 €, die bei Beginn Ihres Rentendaseins nun auf einem Depot zur Verfügung stehen. Wenn Sie nun weiterhin unterstellen, dass Sie dieses Geld noch 30 Jahre lang entnehmen, dann haben Sie 340.000 € geteilt durch 30 Jahre, also Jahr für Jahr etwa 11.000 €, die Sie entnehmen können. Damit bessern Sie Ihre Rente um etwa 900 € monatlich auf.

Eine wahre Geschichte von Herbert und Maria – denn eines ist sicher: die Rente

Herbert und Maria stammen aus München. Beide begannen mit ca. 17 Jahren eine Berufsausbildung. Während Herbert eine Banklehre begann, hat Maria Bürokauffrau gelernt. Aber beide kannten sich zu diesem Zeitpunkt noch gar nicht. Beide lernten andere Lebenspartner kennen, heirateten und bekamen jeweils ein Kind. Als Herbert und Maria um die 40 Jahre alt waren, bröselten ihre jeweiligen Ehen. Scheidung und Neuanfang waren die Folge. Beide wohnten zunächst als Singles in getrennten Wohnungen in München, ehe sie sich kennenlernten. Wenige Jahre später zogen sie zusammen und heirateten. Weil das Leben in München so teuer war und Herbert trotz der Arbeit in einer Bank nicht viel vom Sparen hielt, haben beide nie viel Geld für das Alter zurückgelegt.

Wiederum gut 15 Jahre später stand für beide die Pensionierung an. Obwohl beide viele Jahre in das Rentensystem einbezahlt hatten, reicht es für ein komfortables Leben in der teuren Großstadt nicht mehr. Bis zu ihrem 66. Lebensjahr haben die beiden in München gewohnt, und jetzt müssen sie die Stadt verlassen und sich im ländlichen Bereich eine günstigere Wohngelegenheit besorgen.

5.4. Gier frisst Hirn – definieren Sie Ihre Anlagestrategie

Ich habe es vorhin bereits anklingen lassen: Sobald sich ein ansehnliches Sümmchen in ihrem Depot befindet, werden viele Menschen sehr kreativ in Sachen Geldausgeben. Ein großes Auto, ein noch größerer Urlaub, ein größeres Haus, ein schöneres Haus etc.

Sie sollten unbedingt vermeiden, dass Sie diese Gier überkommt, und Sie sollten strategisch an Ihrem Ziel festhalten. Dazu kann es nützlich sein, dass Sie Ihre Geldanlage *schriftlich* dokumentieren. Das heißt, Sie definieren beispielsweise: „Die 10.000 €, die von der Oma vererbt wurden, als ich 20 Jahre alt war, werden in diesem und jenem Produkt angelegt und werden 40 Jahre lang nicht angetastet.“ Oder: „Der Ansparplan mit 50 € auf das Produkt XY wird 30 Jahre lang nicht angetastet und wird einmal im Jahr überprüft, eventuell auf ein anderes Anlageprodukt übertragen, oder die Ansparsumme erhöht!“

So sollten Sie also Ihre Anlagestrategie schriftlich formulieren. Sobald Sie eines Tages gierig werden, können Sie die Informationen aus der Schublade holen und lesen nach, was Ihr exakter Plan ist. An diesem Entschluss sollten Sie tatsächlich eisern festhalten. Denn – auch das sei gesagt – selbst wenn Sie Produkte wie ETFs kaufen, die sehr niedrig in ihrer Kostenstruktur sind, wenn Sie häufig wechseln, kostet Sie dieser häufige Wechsel natürlich Rendite, da Sie stets Provisionen und Gebühren zahlen müssen.

Bei mir ist es daher so – ich hatte es bereits eingangs erwähnt –, dass ich nicht viel öfter als einmal, maximal zweimal im Jahr mein Depot umschichte. Die ETFs, die ich kaufe, laufen langfristig. Wenn ich zusätzlich Aktien erwerbe, definiere ich: „Bei welchem Wert habe ich die Aktie gekauft und ab welchem Wert möchte ich die Aktie wieder verkaufen? Wann habe ich an dieser Aktienentwicklung genügend verdient, sodass ich die Aktie ruhigen Gewissens wieder veräußern kann?“

Auch in die andere Richtung sollten Sie sich ein Limit setzen. Dieses Limit kann sein: „Ich will einen gewissen Verlust in Kauf nehmen, aber was zu viel ist, ist zu viel, und dann wird die Aktie ohne zurückzusehen verkauft."

Solche Dinge können Sie übrigens automatisieren. Auf der Website www.finanzen100.de können Sie sich ein Portfolio (oder eine *Watchlist*) anlegen und dort Limits hinterlegen, sodass Sie per E-Mail informiert werden, wenn ein Aktienkurs bestimmte Werte über- oder unterschreitet.

Dann können Sie in aller Ruhe überlegen, ob Sie nun reagieren wollen. Sie sollten – das ist meine Erfahrung – nicht mit Stoppkursen arbeiten. Ein Stoppkurs ist eine automatisierte Verkaufs- oder Kaufanweisung in Ihrem Depot, wenn der Aktienkurs unter einen bestimmten Wert fällt. Denn Stoppkurse sind, sowohl was den Verkauf als auch was den Ankauf angeht, meist sehr nachteilig. Beispiel: Die Apple-Aktie ist stets nach Bekanntgabe der Quartalszahlen sehr schwankungsanfällig. Da kann es durchaus mal um 10 % rauf- oder runtergehen. Hätten Sie nun einen Stoppkurs eingegeben, dann könnte es sein, dass Sie die Aktie viel zu günstig verkaufen oder viel zu teuer einkaufen, weil sich die Aktie im Regelfall nach wenigen Tagen wieder auf den Wert einpegelt, den sie bereits vor der Bekanntgabe der Quartalszahlen hatte.

Wichtig

Formulieren Sie Ihre Anlageziele und definieren Sie dabei exakt, mit welchen Anlageprodukten Sie welche Ziele in welcher Zeit erreichen wollen. Und schlachten Sie währenddessen nie Ihre Gans, denn sonst kann sie keine goldenen Eier mehr legen und kein Geld mehr für Sie erarbeiten.

In dem Augenblick, in dem Sie sich dieses Themas annehmen, um die Kraft der Kapitalmärkte zu nutzen, haben Sie den ersten und größten Schritt getan, um wunderbare Renditen einzufahren und Ihrer Geldvermehrung deutlich auf die Sprünge zu helfen.

5.5. Wohin soll Ihre finanzielle Reise gehen?

Bisher haben wir viel darüber gesprochen, welche Anlageformen sinnvoll sind. Wir haben Strategien diskutiert, den zeitlichen Aspekt nicht unerwähnt gelassen und uns darüber unterhalten, wie wir eine Rendite von 7 % und mehr pro Jahr an Wertsteigerung erhalten können.

Doch Geldanlegen dient einem Zweck: Wohin soll Ihre finanzielle Reise konkret gehen? Welche Parameter müssen Sie erfüllen, damit Sie Ihre Route nicht verlassen und Ihr Ziel sicher erreichen?

› Ist es denn Ihr Ziel, bis zum Beginn Ihrer Pensionierung eine zusätzliche zweite Rente privat anzusparen?

› Oder ist es Ihr Ziel, im Alter von 50 Jahren Ihre gerade erworbene Immobilie durch Ihr Angespartes abzubezahlen?

› Oder möchten Sie für Ihre Kinder und Enkel in deren ersten 20 Lebensjahren so viel Geld zur Seite legen, dass dann der weitere Werdegang – sei es berufliche Ausbildung, sei es ein Auslandsaufenthalt oder ein Studium – problemlos möglich ist?

Sicher haben Sie selbst interessante Ziele, die Sie mit der Geldanlage verwirklichen möchten. Damit Sie ein Gefühl dafür bekommen, wie eine monatliche Sparrate aussehen kann oder welches Anfangskapital Sie benötigen, um nach einem gewissen Zeitfenster Ihr Ziel zu erreichen, empfehle ich Ihnen einen Zinseszinsrechner, den Sie via Internet kostenlos nutzen können.

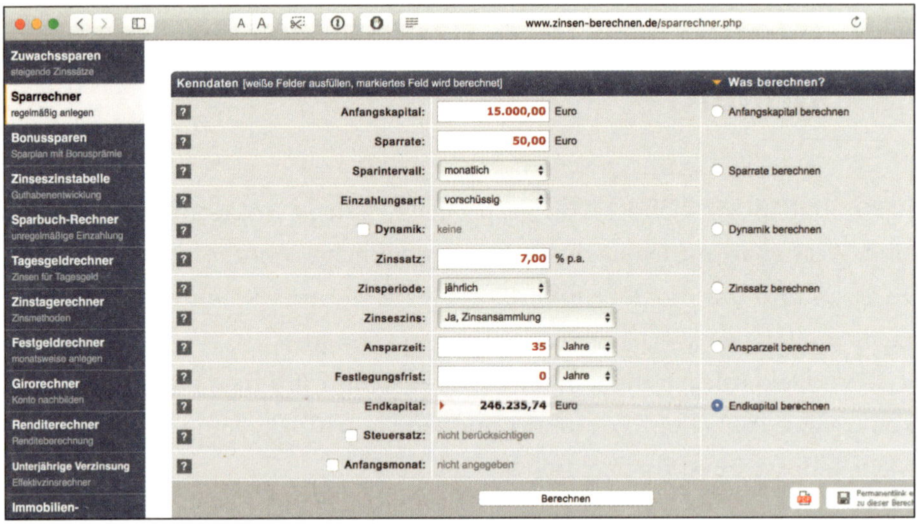

Ein Zinseszinsrechner (Quelle: zinsen-berechnen.de)

Ich verwende den Zinseszinsrechner der Website www.zinsen-berechnen.de (siehe auch Kapitel 2). Links auf der Website sehen Sie verschiedene Rechnermodi. Ich habe dort den *Sparrechner* für regelmäßige Sparraten aufgerufen. Ich führe eine Beispielberechnung mit einem Startkapital von 15.000 € durch, kombiniert mit einer monatlichen Sparrate von 50 €.

Ich unterstelle eine Geldanlage in einem DAX-ETF und rechne konservativ mit 7 %Wertsteigerung pro Jahr. Als Spardauer habe ich einen Zeitraum von 35 Jahren zugrunde gelegt und erhalte so ein Endkapital von etwa 250.000 €.

Sie können nun ganz einfach andere Sparraten eintragen und durch erneutes Klicken auf den *Berechnen*-Button die Endergebnisse ermitteln.

Das besonders Schöne an diesem Sparrechner ist, dass Sie die Aufgabenstellung auch umdrehen können. Nämlich: Sie können das Endkapital eintragen und auf eine monatliche Sparrate zurückrechnen lassen. Nehmen wir an, Sie sind 25 Jahre alt und haben das Ziel, zu Ihrem Renteneintritt ein zusätzliches Vermögen von 500.000 € beiseitegelegt zu haben. So können Sie 40 Jahre lang Monat für Monat einen Sparbetrag auf die Seite legen, um dieses Ziel zu erreichen. Auch das Anlageprodukt, ein DAX-ETF mit einer durchschnittlichen Wertsteigerung von 7 %, ist bereits definiert. Dann geben Sie die Werte einfach korrespondierend in einen Zinseszinsrechner ein. Schätzen Sie mal, wie hoch die monatliche Rate sein müsste, um bei 0 € Anfangskapital nach 40 Jahren 500.000 € erreicht zu haben.

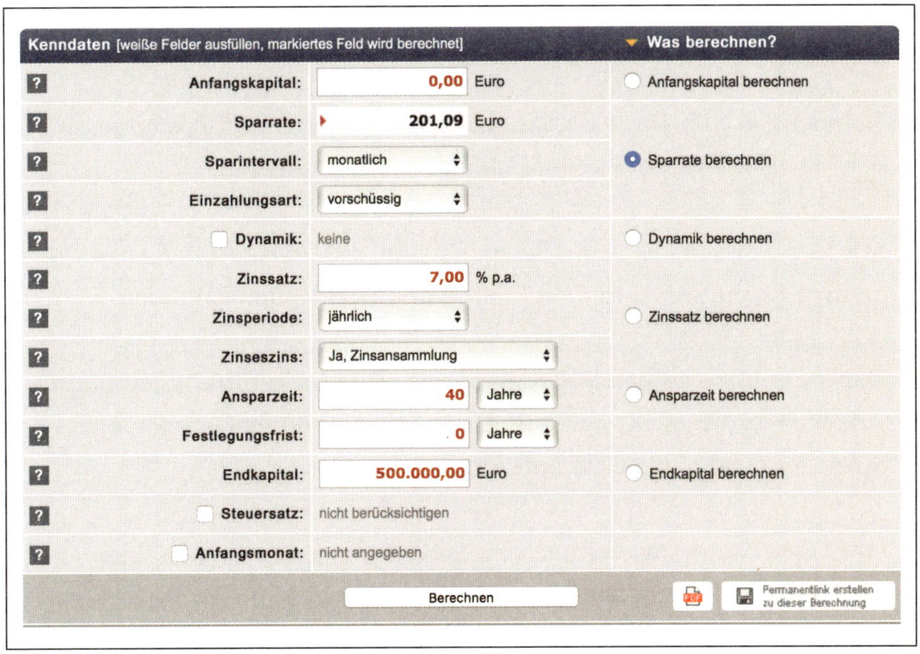

Wie spart man eine halbe Million? (Quelle: zinsen-berechnen.de)

Da staunen Sie! Mit nur etwa 200 € pro Monat erreichen Sie nach 40-jähriger Ansparphase mit einer durchschnittlichen Wertsteigerung von 7 % ein Endkapital von 500.000 € (Sparrate gesamt: ca. 100.000 €). Mit diesem Zinseszinsrechner können Sie auf Knopfdruck Ihre Szenarien durchspielen und so die Richtung Ihrer Geldanlage bestimmen.

Natürlich können Sie eine derartige Berechnung ebenso mit einer Tabellenkalkulation wie Microsoft Excel durchführen. Doch ist der Aufwand ungleich höher und setzt Kenntnisse im Bereich Zielwertsuche voraus.

5.6. Conclusio

Wenn Sie all das gelesen haben, was ich bis jetzt zusammengestellt habe, würde ich Sie dazu animieren, als Einsteiger in Sachen Geldvermehrung Ihr vorhandenes Geld folgendermaßen anzulegen:

- Nehmen Sie 70 % Ihres Geldes, und legen Sie es in ETF-Produkte für den DAX, MDAX oder andere Index-ETF-Produkte an.
- Mit 30 % können Sie, wenn Sie mutig sind, dedizierte Aktien auswählen, an dem Ertrag der Aktien profitieren und Dividenden kassieren.
- Darüber hinaus sollten Sie jeden Monat „Ihre Gans füttern", damit sie goldene Eier für Sie legen kann. Das heißt, Sie sollten zusätzlich per Sparplan regelmäßig Geld anlegen.

Über den Zinseszinsrechner, den Sie kennengelernt haben, können Sie jederzeit prüfen, ob Sie mit Ihrer Geldanlage auf dem richtigen Weg sind. Egal, wo Sie hinwollen – ob es um die Finanzierung des Ruhestandes geht, ob es um die Kreditablösung des Eigenheimdarlehens geht, ob Sie sich eine neue Wohnungsausstattung gönnen möchten, ein schickes Auto oder ein Flugzeug oder einen Hubschrauber –, in der Summe versetzt Ihr angespartes Vermögen Sie in die Lage, zu entscheiden, welche Wünsche Sie sich erfüllen möchten und wie Sie leben möchten.

Handlungsspielraum

Oder anders formuliert: Geld bedeutet Handlungsspielraum. Wenn Sie über ein gewisses Geldpolster verfügen, haben Sie die Freiheit zu entscheiden, was Sie tun, wann Sie es tun und wie Sie es tun möchten.

Wenn Sie keinen Handlungsspielraum haben, dann müssen Sie stets reagieren. Mit Handlungsspielraum können Sie agieren und frei entscheiden, wie Sie Ihr Leben und Ihre Geldausgaben gestalten möchten. Nehmen wir an, die Heizung in Ihrem Haus geht kaputt – eine Rechnung von 20.000 € – und Sie müssen schauen, wie Sie dieses Geld auftreiben, und das Geld von einer anderen Position abziehen. Vermutlich müssen Sie jetzt auf den geplanten Ausbau des Dachstuhls verzichten, und Sie hoffen, dass Ihr Auto noch ein paar Jahre durchhält.

Haben Sie aber schon frühzeitig begonnen zu sparen und Ihr Geld clever, also renditestark anzulegen, dann werden Sie bereits nach etlichen Jahren über ein hübsches Sümmchen verfügen und selbst eine unverhoffte 20.000-€-Rechnung wird nicht zum Horror-Erlebnis.

Und das ist mein Antrieb und mein Wunsch, den ich mit diesem Buch verbinde: dass Sie ein Leben leben, wie Sie es leben möchten, und dass Sie die dafür notwendigen finanziellen Ressourcen auf der hohen Kante haben.

Zusammenfassung

› Zeit ist Geld.
Das gilt bei der Geldvermehrung ganz besonders: Je länger ein Börseninvestment Zeit hat, desto mehr Ertrag bringt es Ihnen ein. Ergänzen Sie Ihren finanziellen Grundstock durch regelmäßiges, am besten monatliches Sparen. Halten Sie an Ihrem finanziellen Plan fest – egal, was kommt. Und werden Sie um Himmels willen nie, nie, nie gierig!

› Geld bedeutet Handlungsspielraum. Sie können agieren, statt immer nur zu reagieren, und Sie können sich Ihr Leben so einrichten, wie es Ihnen gefällt.

„Unzufriedenheit ist der erste Schritt zum Erfolg.“

Oscar Wilde

Kapitel 6
Jetzt geht's ans Umsetzen

Es ist schön, dass Sie das Buch bis hierher studiert haben. Noch schöner wäre es – und das ist mein Wunsch –, dass Sie das Gelesene selbst in die Praxis umsetzen und handeln. Was ist zu tun, damit Sie die Informationen, die Sie erhalten haben, konkret in die Praxis übertragen können?

6.1. Im Handumdrehen – Depoteröffnung

Egal ob Sie Aktien oder ETFs oder andere börsengehandelte Produkte kaufen wollen, Sie benötigen dafür immer ein Depot. Das Depot können Sie natürlich bei Ihrer Hausbank eröffnen, egal ob Sie Kunde einer Sparkasse, einer Volks- oder Raiffeisenbank oder eines anderen Bankinstituts sind. Sie können ebenso eine Online-Bank nutzen, um dort Ihr Depot einzurichten. Egal für welchen Anbieter Sie sich entscheiden, eine Depotführung und Käufe bzw. Verkäufe in einem Depot kosten Gebühren. Diese Gebühren können Sie bei vielen Banken mit nur wenigen Mausklicks im Internet recherchieren.

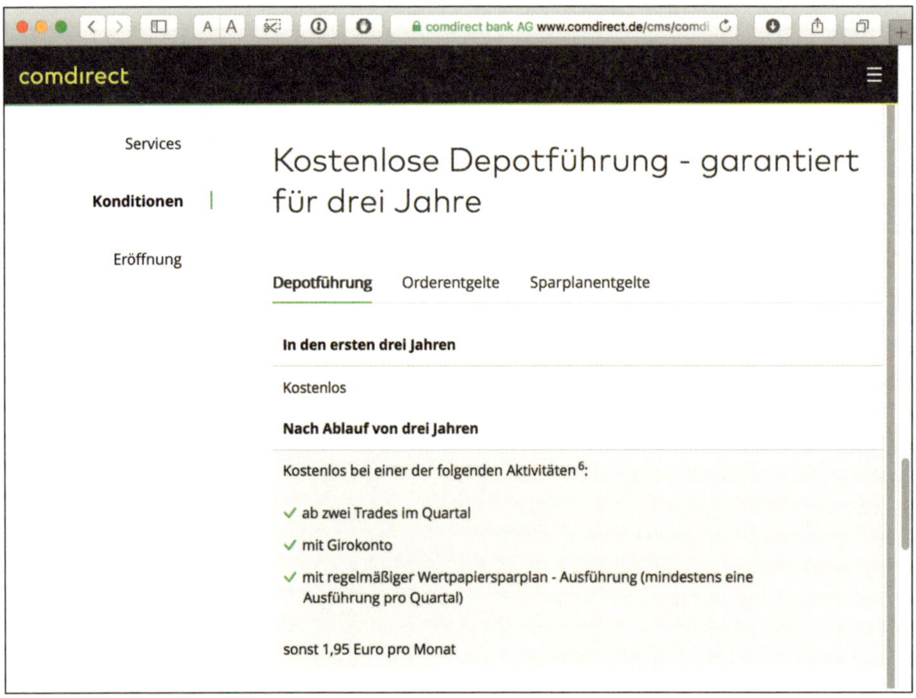

(Quelle: comdirect.de)

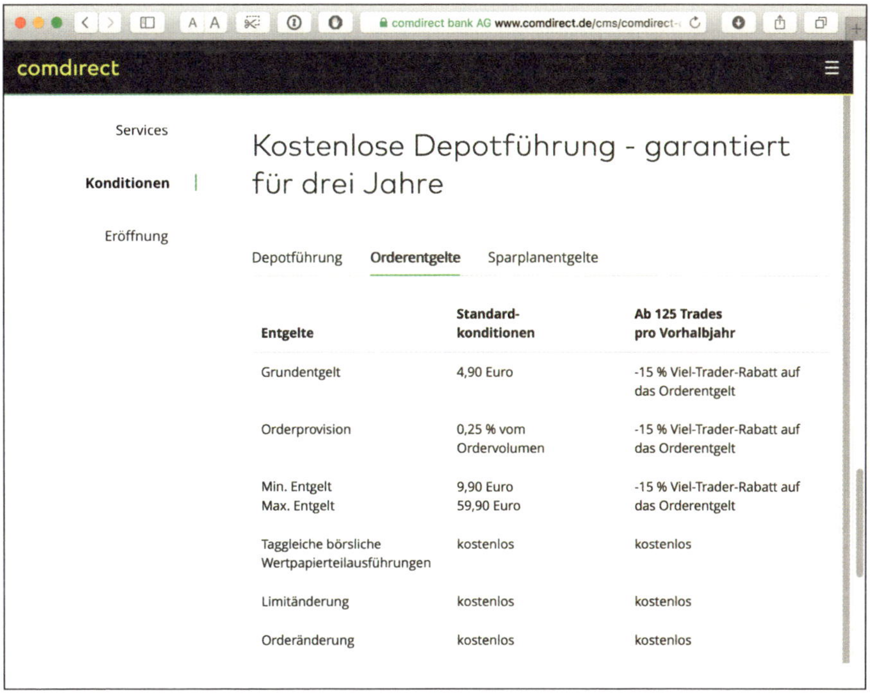

comdirect bank AG www.comdirect.de/cms/comdirect-

comdirect

Services

Konditionen

Eröffnung

Kostenlose Depotführung - garantiert für drei Jahre

Depotführung | **Orderentgelte** | Sparplanentgelte

Entgelte	Standard-konditionen	Ab 125 Trades pro Vorhalbjahr
Grundentgelt	4,90 Euro	-15 % Viel-Trader-Rabatt auf das Orderentgelt
Orderprovision	0,25 % vom Ordervolumen	-15 % Viel-Trader-Rabatt auf das Orderentgelt
Min. Entgelt Max. Entgelt	9,90 Euro 59,90 Euro	-15 % Viel-Trader-Rabatt auf das Orderentgelt
Taggleiche börsliche Wertpapierteilausführungen	kostenlos	kostenlos
Limitänderung	kostenlos	kostenlos
Orderänderung	kostenlos	kostenlos

Schauen Sie nach den Kosten der Depotführung, den Orderentgelten und den Sparplanentgelten. (Quelle: comdirect.de)

Besonders Online-Banken punkten mit sehr günstigen Gebühren. Aber auch Ihre Hausbank wird Sie gern über ihre Depotkosten informieren.

Tipp

Wenn Sie sich über die Depot-Konditionen bei Online-Banken informieren möchten, dann ist das Internet natürlich eine hervorragende Wissensquelle. Verwenden Sie beispielsweise den Link http://www.finanztip.de/wertpapierdepot/, um sich einen Überblick zu verschaffen. Haben Sie einen Anbieter gefunden, so sollten Sie durchaus den Weg zu Ihrer Hausbank nicht scheuen und dort mit den Konditionen vorstellig werden. Sicher ist das Verhandeln nicht Jedermanns Sache, aber Sie werden sehen, dass sich Ihre Hausbank in Sachen Kosten durchaus flexibel zeigen kann.

Egal für welchen Anbieter Sie sich entscheiden, Sie erhalten nach Einrichtung des Depots die Zugangsdaten, mit denen Sie sich einloggen können, Ihren Depotstand prüfen und jederzeit Aktienwerte, ETF-Werte oder Investmentfonds kaufen bzw. verkaufen können.

Je nach Dienstleister können Transaktionen (Käufe oder Verkäufe) per Telefon, Smartphone-App oder möglicherweise per Fax abgewickelt werden. Hier sind meist die Gebühren etwas höher als diejenigen, die entstehen, wenn Sie Ihre Transaktionen direkt online selbst erledigen. Sollten Sie einmal mit Ihrer Bank unzufrieden sein, so ist es meist kein Problem, mit dem Depot von einem Geldinstitut zu einer anderen Bank umzuziehen. Ein Depotumzug ist im Regelfall deutlich einfacher und unkomplizierter als der Wechsel eines Girokonto-Anbieters.

6.2. Ganz einfach: Werte in ein Depot kaufen

Wenn Sie erfolgreich ein Depot eröffnet haben, loggen Sie sich einfach ein. Sie sehen dann in der Regel eine Maske, in der Sie Kaufaufträge anlegen können. Dazu sollten Sie die Wertpapierkennnummer (WKN) oder die ISIN kennen, damit Sie zweifelsfrei das richtige Produkt erwerben. Handelt es sich um renommierte börsennotierte Unternehmen, so genügt oftmals der Firmenname wie Allianz, Daimler, Siemens, Bayer, BASF oder Telekom.

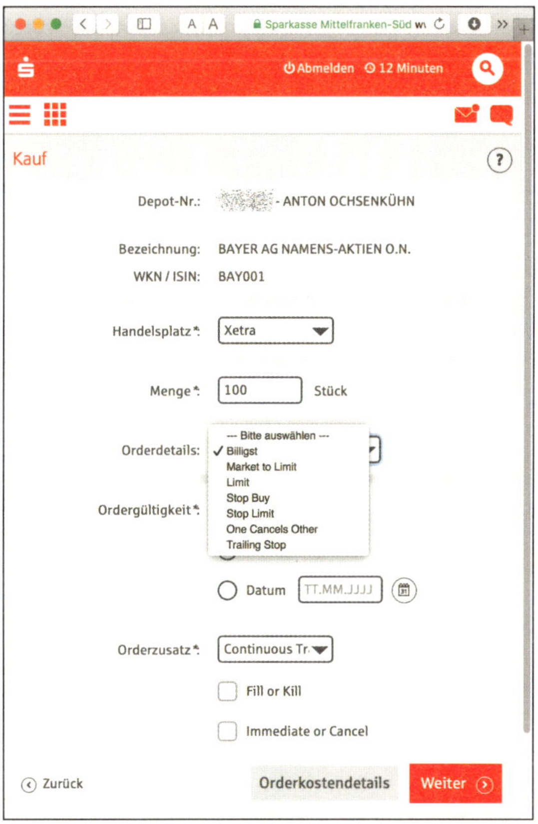

So kann eine Ordermaske für den Kauf von Wertpapieren aussehen. (Quelle: www.sparkasse.de)

Wie Sie anhand des Bildschirmfotos erkennen, möchte ich die Bayer-Aktie mit der Wertpapierkennnummer BAY001 kaufen. Als Handelsplatz entscheide ich mich für XETRA, also für den Computerhandel. Sie können ebenso einen Handelsplatz wie Stuttgart, Frankfurt oder München verwenden. Geben Sie dann die Stückzahl der Aktien ein, die Sie erwerben möchten. Besonders interessant ist der Bereich *Orderdetails*. Hier können Sie definieren, ob Sie Ihr Geschäft sofort tätigen wollen (*billigst*) oder ob Sie mit einem Stop-Buy-Kurs agieren möchten, sodass nur bei Erreichen oder Unterschreiten eines bestimmten Limits diese Aktie in Ihr Depot gelegt wird.

Es wäre natürlich ratsam, sich vorher darüber zu informieren, wie– in unserem Beispiel – die Bayer-Aktie aktuell gehandelt wird. Sie werden dabei feststellen, dass der Börsenkurs der Bayer-Aktie je nach Handelsplatz geringfügig differieren kann. Das kommt daher, dass ja verschiedene Personen an den unterschiedlichen Handelsplätzen kaufen und verkaufen, sodass es kurzfristig zu Differenzen zwischen den verschiedenen Handelsplätzen kommt.

Haben Sie sich dafür entschieden, mit einem Limit den Wert zu kaufen bzw. den Wert sofort einzukaufen, dann sollten Sie noch – gerade wenn Sie ein Limit gesetzt haben – darüber nachdenken, wie lange die Order gültig sein soll. Wenn beispielsweise die Bayer-Aktie heute mit 105 € gehandelt wird, Sie aber erst bei 102 € kaufen möchten, dann kann es ja durchaus einige Zeit dauern, bis dieser Wert unterschritten wird und die Order ausgeführt werden kann. Geben Sie ein vernünftiges Zeitintervall für die Orderausführung an. Je nach verkauftem Produkt und nach Handelsplatz können Sie im Bereich *Orderzusatz* noch weitere Einstellungen vornehmen.

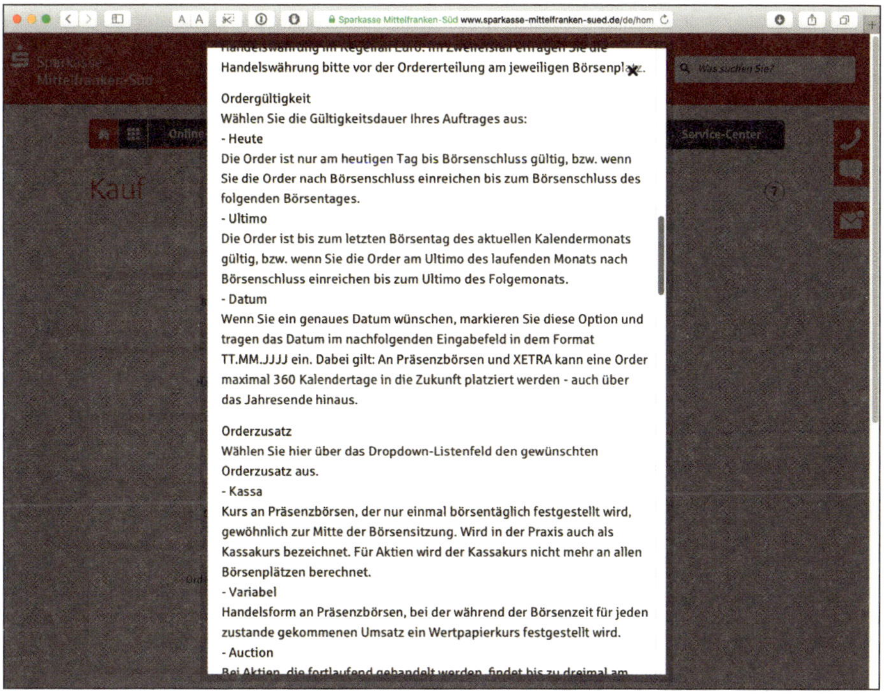

Auch ein Kennzeichen für ein gutes Depot: Fachbegriffe werden erklärt. (Quelle: sparkasse.de)

Damit Sie mit den Fachbegriffen an dieser Stelle klarkommen, sollte Ihr Depotanbieter Ihnen eine Hilfe anbieten. Sie sehen: Im Falle der Sparkasse ist das vorbildlich gelöst. Ein Klick auf das entsprechende Hilfesymbol bringt eine ausführliche Dokumentation zutage, mit der Sie eindeutig erkennen, welche Einstellungen vorzunehmen sind, um in gewünschter Art und Weise agieren zu können.

Haben Sie Ihren Kauf- oder auch Verkaufsauftrag komplett ausgefüllt, können Sie ihn (in diesem Fall mit *Weiter*) auf die Reise schicken. Sofern Sie die Aktion online ausführen, haben Sie bereits einen Kommunikationsweg mit Ihrer Bank vereinbart. Die Bank schickt Ihnen zum Beispiel eine TAN auf Ihr zugeordnetes Smartphone, sodass Sie sich zweifelsfrei gegenüber dem Depot authentifizieren können und die gewünschte Aktion durch die Eingabe der TAN dann entsprechend auslösen können.

War die Eingabe erfolgreich, wird die Kauf- oder Verkaufsorder platziert und mit den angegebenen Parametern vollzogen. Je nach Depotbank können Sie per SMS, per E-Mail oder mit speziellen Apps anschließend überprüfen, ob die Order erfolgreich abgewickelt wurde.

Bedenken Sie bei der Online-Order-Abwicklung, dass Sie möglicherweise unterwegs (auch im Ausland) handlungsfähig sein möchten. Definieren Sie deshalb solche Kommunikationskanäle, mit denen Sie jederzeit in der Lage sind, auf Ihr Depot zuzugreifen und mit ihm zu interagieren. Es macht wenig Sinn, Ihre Festnetztelefonnummer anzugeben, wenn Sie dort gar nicht zu erreichen sind.

Das Einrichten eines Depots ist mit wenigen Mausklicks erledigt, und genauso einfach und unkompliziert funktioniert es, Werte in Ihrem Depot zu legen bzw. Werte aus dem Depot wieder zu verkaufen.

Etwas komplizierter wird es, und etwas mehr Informationen müssen Sie einholen, wenn Sie einen Sparplan aufsetzen wollen. Denn dazu müssen Sie zunächst klären, zu welchen Produkten überhaupt Sparpläne angeboten werden und wie sich hier die Entgelte bzw. Kosten verhalten. Außerdem müssen Sie ein Konto definieren, von dem die monatliche Sparrate entnommen wird.

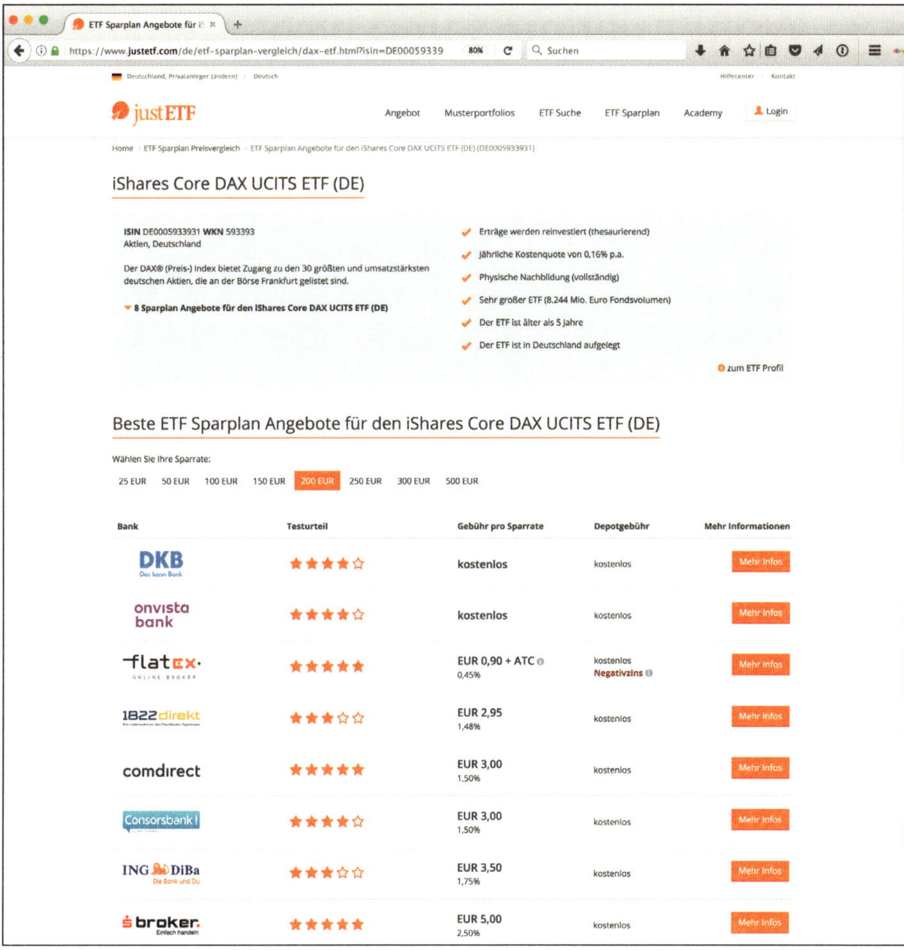

Eine gute, weil übersichtliche Anlaufstelle, um Sparplan-Informationen zu erhalten ist die Seite https://www.justetf.com/de/etf-sparplan-vergleich.

Haben Sie sich für ein ETF-Produkt entschieden, dann erhalten Sie – wie im Bild zu sehen – aktuelle und detaillierte Informationen zu den Kosten und Gebühren. Hier wurde der „iShares Core DAX UCITS ETF" mit einer Sparrate von 200 € je Monat ausgewählt. Die monatlichen Gebühren liegen im Schnitt bei 3 bis 4 € je Sparrate. Hinzu kommen noch die Depotkosten, die jährlich zu begleichen sind. Weitere Informationen finden Sie auf den jeweiligen Anbieterseiten.

6.3. „Woher nehmen und nicht stehlen?"

Ein Depot ist im Handumdrehen eröffnet, und ebenso leicht geht das Kaufen und Verkaufen von Aktien, ETFs oder börsengehandelten Investmentfonds von der Hand.

Aber: Sie benötigen ja Geld, das angelegt werden soll. Wenn Sie noch in der Berufsausbildung oder im Studium stecken, dann ist ein Sparplan die allererste Wahl. Beginnen Sie vorsichtig und starten Sie vielleicht mit 50 € je Monat. Achten Sie darauf, dass Sie die Sparquote anpassen, sobald sich Ihre finanzielle Lage verbessert. Ein lukrativer Ferienjob, eine Gehaltserhöhung oder ein Jobwechsel können mehr Geld in Ihre Kasse spülen. Das sollten Sie dazu nutzen, die Sparrate auf 100, 150 oder 200 € je Monat anzuheben. Denn Sie wissen ja: Wenn Sie frühzeitig mit dem kontinuierlichen Sparen beginnen, wird die Anlagedauer für Sie arbeiten und reiche Frucht bringen.

Haben Sie bereits mehrere Jahre Geld angespart, aber leider in weniger lukrativen Anlageformen, so könnte das Buch für Sie den Anstoß geben, es nun mit Aktien, ETF-Produkten oder Investmentfonds zu probieren. Wie könnten Sie das Geld also entnehmen?

6.3.1. Girokonto, Sparbuch, Tagesgeld etc.

Das dort liegende Geld wird aufgrund der niedrigen Zinsen ständig weniger wert. Die Inflation frisst sozusagen Ihr sauer verdientes Geld auf. Deshalb sollten Sie *sofort* reagieren und dieses Geld in Sachwerte investieren. Auf Vermögen, das auf Girokonten liegt, haben Sie sofort Zugriff. Bei Tagesgeldkonten oder Sparbüchern sind unter Umständen Fristen zu beachten, bis Sie das Geld dort abziehen und anderweitig anlegen können.

6.3.2. Kapitallebensversicherungen

Wie ich bereits in Kapitel 1 gesagt habe, sind diese Versicherungen leider Gottes noch immer des Deutschen liebste Kapitalanlage. Dabei ist die gesetzliche Mindestverzinsung aufgrund der Niedrigzinsphase in den Bereich von 1 % gefallen. Viele Versicherer unterbieten das sogar noch. Selbst die versprochenen Überschussbeteiligungen zum Ende der Laufzeit werden mit Sicherheit dramatisch geringer ausfallen, als es Ihnen prognostiziert wurde. Was also tun?

› Sie können die monatlichen Beiträge für eine KLV kürzen lassen oder den Vertrag komplett beitragsfrei stellen. Den Vertrag an sich lassen Sie laufen und bekommen dann folgerichtig deutlich weniger Ausschüttung bei Laufzeitende. Sie profitieren weiterhin von dem Versicherungsschutz, der sich damit im Regelfall abhängig von den eingezahlten Beiträgen ändern wird. Die nun freigewordene monatliche Sparrate könnten Sie in einen ETF-Sparplan stecken.

› Eine KLV kann ebenso verkauft bzw. beliehen werden. Das kann unter Umständen lukrativer sein als eine vorzeitige Kündigung. Weitere Informationen dazu finden Sie beispielsweise hier: http://www.finanztip.de/kapitallebensversicherung/

› Natürlich kann eine KLV vorzeitig gekündigt werden. Unter Umständen erhalten Sie nach kurzer Laufzeit weniger Geld zurück, als Sie bis dahin einbezahlt haben. Das liegt an den internen Kosten einer KLV – Sie erinnern sich an die Geschichte aus Kapitel 1. Aber lieber ein „Ende mit Schrecken als ein Schrecken ohne Ende“. Wenn Sie 20 oder mehr Jahre in ein wenig lukratives Anlageinstrument Geld investieren, dann verlieren Sie am Ende nicht nur viel Zeit, sondern haben die Chance vertan, mehr Profit aus Ihrem Geld zu erzeugen.

Zudem mag es ein guter Tipp sein, sich diesbezüglich „neutral“ informieren zu lassen. Schauen Sie im Internet unter https://www.verbraucherzentrale.de, ob es in Ihrer Nähe eine Anlaufstelle gibt, und führen Sie dort ein Erstgespräch, *bevor* Sie mit Ihrem Versicherungsunternehmen Kontakt herstellen.

6.3.3. Immobilien

Die seit einigen Jahren andauernde Niedrigzinsphase hat in Deutschland einen Bauboom ausgelöst. Darüber hinaus sind bestehende Immobilien (Grundstücke, Wohnungen, Häuser) stark im Wert gestiegen. Bisweilen macht bereits das Wort von der „Immobilienblase“ die Runde.

Keiner kann aktuell sagen, wie lange die Preise noch steigen oder auf dem aktuellen Niveau verharren werden. Blasen haben die Eigenschaft, dass sie unvermittelt platzen. Was will ich damit sagen? Immobilien sind aktuell eben sensationell überteuert, und deshalb sollten Sie darüber nachdenken, diese Chance zu nutzen, um vermietete Wohnungen oder Grundstücke in flüssiges Geld zu verwandeln, das dann anderweitig – hoffentlich weiterhin wertsteigernd – angelegt werden kann. Auch das habe ich in Kapitel 1 schon erwähnt: Viele Menschen investieren leider viel zu viel Geld in Immobilien und vernachlässigen den Vermögensaufbau im Bereich börsennotierter Produkte.

Im Rahmen dieses Buches kann ich Ihnen nur pauschale Informationen geben. Vielleicht hilft hier ein Gespräch mit Ihrem Steuerberater weiter.

6.3.4. Beteiligungen (Schiffscontainer, Immobilienfonds etc.)

Sicher erinnern Sie sich noch an meine Beispiele aus Kapitel 1. Oftmals versprechen die Verkaufsprospekte mehr, als dann am Ende einer Beteiligung verdient wird. Und zudem kann man oft nicht zeitnah auf das investierte Geld zurückgreifen. Deshalb kann es attraktiv sein, Beteiligungen während einer Laufzeit zu veräußern. Zum Beispiel via http://www.zweitmarkt.de (oder www.deutsche-zweitmarkt.de) finden Sie Dienstleister, die Ihnen beim Verkauf von Beteiligungen helfen können.

6.3.5. Bausparverträge

Ein Bausparvertrag kann sowohl während der Ansparphase als auch während der Darlehensphase gekündigt werden. Im Regelfall ist eine mehrmonatige Frist zu beachten. Erfolgt allerdings die Kündigung in der Ansparphase innerhalb der ersten sieben Jahre, so verlieren Sie alle Arbeitnehmersparzulagen oder Bausparprämien.

Zusammenfassung

- Ein Depot ist rasch eröffnet, die Kosten sind minimal, und dank moderner Technik können Sie bequem von überall auf der Welt Ihr Depot einsehen und sogar handeln.
- Selbst Sparpläne sind rasch installiert und sollten gemäß Ihrer finanziellen Möglichkeiten adäquat bespart werden.
- Haben Sie z. B. als Mittvierziger bisher Ihr Geld in einer Kapitallebensversicherung angelegt, dann sollten Sie wegen der nunmehr niedrigen Zinsen dringend handeln, um Ihre zukünftigen finanziellen Ziele erreichen zu können.
- Und vergessen Sie nicht, Ihre Ziele schriftlich zu notieren. So dass Sie jederzeit nachlesen können, falls Sie „gierig" zu werden drohen.

„Eine Investition in Wissen,
bringt immer noch die besten Zinsen“

Benjamin Franklin

Kapitel 7
Weitere wesentliche Informationen

Auf den folgenden Seiten finden Sie weiterführende und ergänzende Informationen. Viele dieser Daten können Sie über das Internet abrufen. Damit erhalten Sie stets topaktuell wertvolle Zusatzinformationen.

7.1. Wichtige Internetseiten

Dank des Internets steht Ihnen eine Fülle von Informationen zur Geldanlage auf Knopfdruck zur Verfügung. Vor zwanzig Jahren musste man entsprechende Zeitungen oder Zeitschriften erwerben, um an aktuelle Informationen zu kommen. Heute genügt es, einen Computer, ein Smartphone oder ein Tablet zu besitzen, um in Sekundenschnelle jedes beliebige Detail herausfinden zu können. Damit Sie rasch agieren können, habe ich Ihnen im Folgenden meine bevorzugten Internetseiten aufgelistet.

7.1.1. comdirect.de

Geben Sie auf der Website von **comdirect.de** einfach eine Bezeichnung, eine WKN bzw. ISIN ein, und schon finden Sie eine Fülle an Informationen:

- aktueller Kurswert, KGV, Dividendenrendite etc.
- Standard-Charts für fünf Jahre, sechs Monate und zehn Tage
- individuelle Charts mit definierbarer Zeitspanne, 200-Tage-Linie und anderen Durchschnittskurven; einblendbare Vergleichswerte (Index, andere Aktienwerte etc.)
- weitere Kennzahlen wie 52-Wochen-Hoch bzw. -Tief, Performance, Volatilität, die Bilanzdaten vergangener Jahre und vieles mehr

Außerdem können Sie sich einen Überblick über ETFs, Anleihen etc. verschaffen. Selbstverständlich können Sie bei comdirect.de ein Depot eröffnen und verwalten oder einfach ein Musterdepot zusammenstellen.

Das besonders Tolle ist: All diese Informationen bekommen Sie gratis.

7.1.2. boerse.de

Im Prinzip sind auf der Website **boerse.de** die gleichen Funktionen wie bei comdirect.de verfügbar. Ich erwähne diese Webseite dennoch wegen der Funktion *Renditedreieck* für eine Vielzahl von Aktienwerten.

Um das Renditedreieck zu sehen, geben Sie in das Suchfeld den Firmennamen oder eine WKN/ISIN ein:

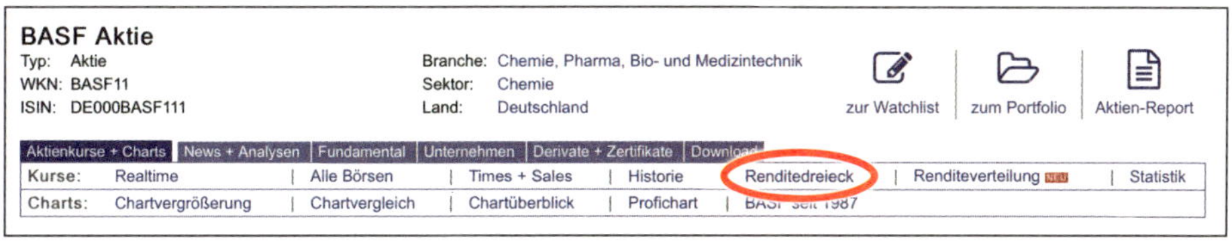

Über boerse. de können Sie zu vielen Aktien- oder Indexwerte Renditedreiecke einsehen. (Quelle: boerse.de)

Im Beispiel habe ich hier die BASF-Aktie aufgerufen. Klicken Sie nun in der Funktionenleiste auf den Begriff *Renditedreieck*. Schon bekommen Sie diese Darstellung:

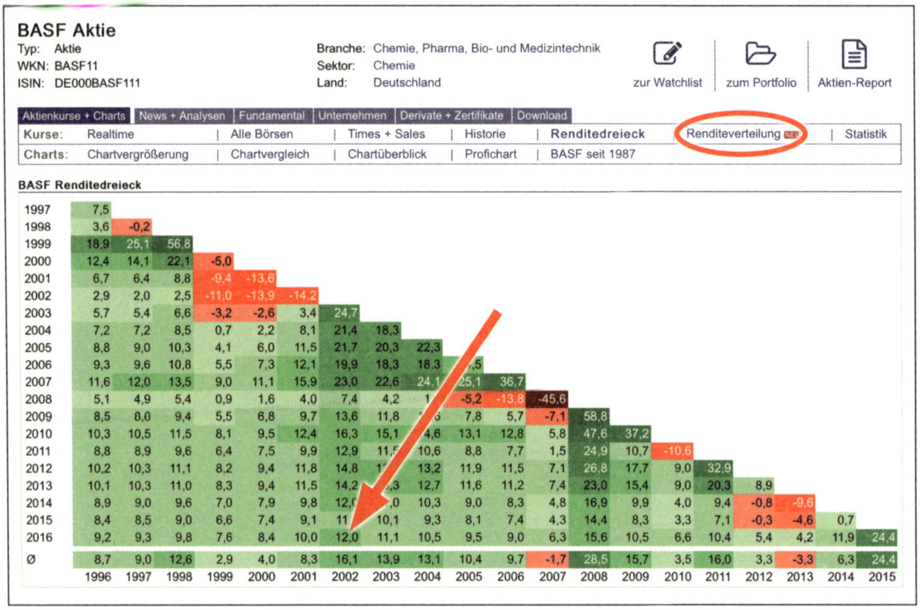

Das Renditedreieck zur BASF-Aktie (Quelle: boerse.de)

Hätten Sie beispielsweise im Jahr 2002 BASF-Aktien erworben, hätten Sie bis 2016 eine durchschnittliche Wertsteigerung von 12 % eingefahren, wie Sie anhand des Dreiecks erkennen können. Klicken Sie auf *Renditeverteilung*, um diese Zahlen noch einmal modifiziert dargestellt zu bekommen.

Auch für viele Indizes wie DAX, MDAX, Dow Jones etc. können Sie so bequem die Renditen über längere Laufzeiten herausfinden.

7.1.3. zinsen-berechnen.de

Die Website **zinsen-berechnen.de** bietet Ihnen einen einfach zu bedienenden Sparrechner, mit dem Sie in Sekundenbruchteilen einige Szenarien durchrechnen können. Der Sparrechner kann mit Zinseszinsberechnungen umgehen und präsentiert Ihnen im Handumdrehen die gewünschten Ergebnisse:

Zinsen-berechnen.de — **Rechner für Ihre Finanzen.** Online. Kostenlos. Unabhängig.

Internet-Adresse des Rechners: **http://www.zinsen-berechnen.de/sparrechner.php**

Sparrechner für regelmäßige Sparraten

Der Sparrechner ermittelt für Banksparpläne wahlweise Endkapital, Sparrate, Dynamik, Zinssatz, Laufzeit oder Anfangskapital bei wählbaren Intervallen für Einzahlung und Zinsgutschrift. Der Rechner legt eine unterjährig lineare Verzinsung zu Grunde.

Kenndaten

Anfangskapital:	5.000,00	Euro
Sparrate:	150,00	Euro
Sparintervall:	monatlich	
Einzahlungsart:	vorschüssig	
Dynamik:	keine	
Zinssatz:	8,00	% p.a.
Zinsperiode:	jährlich	
Zinseszins:	Ja, Zinsansammlung	
Ansparzeit:	40	Jahre
Festlegungsfrist:	0	Jahre
Endkapital:	595.130,75	Euro
Einzahlungen gesamt:	77.000,00	Euro
Zinsen gesamt:	518.130,75	Euro

Der Zinseszinsrechner (Quelle: zinsen-berechnen.de)

Besonders schön ist, dass Sie von „hinten nach vorne" rechnen können. Geben Sie Ihren Zielwert ein und lassen Sie sich so Ihre monatliche Sparrate errechnen.

7.1.4. yahoo.de

In der Abteilung *Finanzen* der Webseite **yahoo.de** können Sie mit nur wenigen Mausklicks auf historische Aktiennotierungen zugreifen, die Sie zur Weiterverwendung auf den eigenen Computer herunterladen können.

BASF SE (BAS.DE)
XETRA - XETRA Verzögerter Preis. Währung in EUR
☆ Zur Watchlist hinzufügen
Kurs

89,41 -0,46 (-0,51 %)
Ab -. Markt geöffnet.

Übersicht | Unterhaltungen | Statistiken | Profil | Finanzen | Optionen | Inhaber | **Historische Daten**

Zeitraum: 03. Jan. 2000 - 03. März 2017 ⌄ **Anzeigen:** Preisverlauf ⌄
Frequenz: Monatlich ⌄
Anwenden

Haftungsaussc
Datenschu

Währung in EUR
Daten herunterladen

Datum	Öffnen	Max.	Min.	Börsenschluss*	Berichtigter Kurs**	Volumen
01. März 2017	88,49	93,26	87,44	92,92	89,81	49.717.895
01. Feb. 2017	89,30	90,85	86,16	87,90	84,96	41.371.212
01. Jan. 2017	87,50	91,55	86,91	89,12	86,13	41.793.432
01. Dez. 2016	81,11	88,31	79,98	85,88	83,00	53.282.490
01. Nov. 2016	80,79	82,14	76,50	80,99	78,28	50.559.487
01. Okt. 2016	76,11	80,89	75,47	80,30	77,61	46.862.049
01. Sep. 2016	73,09	76,34	70,09	76,11	73,56	53.083.504
01. Aug. 2016	70,50	73,59	68,42	72,90	70,46	57.049.556
01. Juli 2016	69,29	72,55	65,47	70,26	67,91	49.940.744
01. Juni 2016	69,50	72,59	63,00	68,64	66,34	72.243.857
01. Apr. 2000	24,75	25,41	22,65	24,05	9,42	66.794.678
01. März 2000	23,60	25,27	22,17	24,77	9,71	141.561.972
01. Feb. 2000	22,39	24,23	20,50	23,95	9,38	84.547.484
01. Jan. 2000	26,35	26,60	21,66	22,02	8,63	70.804.162

In diesem Beispiel habe ich die Entwicklung der BASF-Aktie in monatlicher Darstellung vom Januar 2000 bis März 2017 abgerufen. (Darstellung aus Platzgründen gekürzt; Quelle: yahoo.de)

7.1.5. dai.de

Auf der Website **dai.de** finden Sie die vom Deutschen Aktieninstitut herausgegebenen Rendite-Dreiecke für den DAX und den EUROSTOXX 50 als herunterladbare PDF-Datei. Diese Darstellungen können Sie übrigens auch in Papierform beim Deutschen Aktieninstitut bestellen.

Das DAX-Rendite-Dreieck für den Zeitraum 1967–2016 liegt diesem Buch bei. In Kapitel 2 habe ich Ihnen die Funktionsweise kurz erläutert. Viel Freude mit diesem Zahlenwerk!

7.1.6. finanzen100.de

Keine Frage – auch auf **finanzen100.de** können Sie Aktienwerte studieren, sich über Neuigkeiten informieren (was ich nicht tue, weil die Nachrichten dort oft sehr reißerisch und meist wenig substanziell sind) und Musterdepots (Portfolio, Watchlist) anlegen.

Das Schöne an diesem Portal aber ist, dass sowohl für Apple- als auch für Android-Geräte eine App verfügbar ist, um die Informationen unterwegs einsehen zu können. Ich nutze **finanzen100.de** mit einer Watchlist, die mir per E-Mail eine Info zukommen lässt, wenn bestimmte Kurswerte erreicht werden. So kann ich ohne Aufwand sehen, wann Aktien, ETFs etc. einen Schwellenwert nach oben oder unten durchbrochen haben. Über die Weboberfläche eines Computers oder über die Apps auf den mobilen Geräten kann ich mich stets topaktuell informieren. Werte, die im Portfolio hinterlegt sind, sind so im Handumdrehen auf dem Smartphone oder Tablet darstellbar und weiterverwendbar.

7.2. Wichtige Aktienindizes weltweit über einen Zeitraum von 26 Jahren

In Kapitel 2 haben Sie gesehen, dass langfristige Geldanlage das Risiko minimiert und für den soliden Vermögensaufbau unverzichtbar ist. Deshalb zeige ich Ihnen an dieser Stelle eine Übersicht wichtiger weltweiter Aktienindizes über einen Zeitraum von 26 Jahren.

Bezeichnung	Land	Währungsraum	Anzahl Werte	Stand Ende 1990	Stand Ende 2016	Ø Wertentwicklung je Jahr
DAX (P)	Deutschland	Euro	30	1.400	11.500	8,44 %
MDAX (P)	Deutschland	Euro	50	2.100	22.200	9,50 %
SDAX (P)	Deutschland	Euro	50	2.200	9.500	5,80 %
Euro Stoxx 50	Europa	Euro	50	860	3.300	5,31 %
Dow Jones Industrial 30	USA	US-Dollar	30	2.600	19.800	8,12 %
S&P 500	USA	US-Dollar	500	420	2.300	6,76 %
Nasdaq 100	USA	US-Dollar	100	220	5.000	12,77 %
Nikkei 225	Japan	Yen	225	24.200	19.600	–0,81 %
SMI	Schweiz	Franken	20	1.400	8.400	7,13 %
CAC 40	Frankreich	Euro	40	1.500	4.900	4,66 %
RTS	Russland	Rubel	6	90 (Ende 1995)	1.200	13,13 %
FTSE 100	Grossbritannien	Pfund	100	3.446 (Ende 1993)	7.100	3,19 %
IBEX 35	Spanien	Euro	35	2.250	9.500	5,70 %
ISE 100	Türkei	Türkische Lira		40 (Ende1992)	78.000	37,11 %
Hang Seng Index	Hong Kong/ China	Renminbi	50	3.100	22.800	8,67 %
MSCI World	weltweit	–	–	460	1.750	5,73 %

(P) = Performanceindex: Die Dividendenausschüttungen werden in den Index mit eingerechnet.

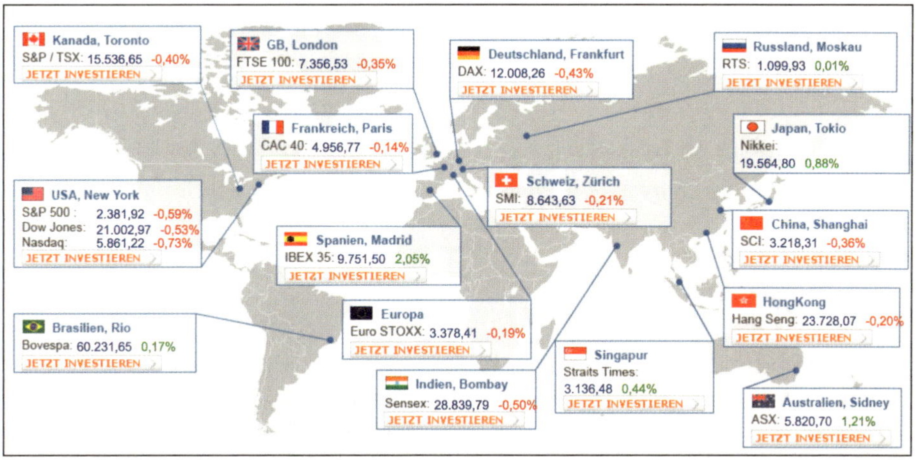

Wenn Sie die aktuellen Indexstände weltweit grafisch dargestellt haben möchten, dann verwenden Sie einfach die Internetseite „www.finanzen.net/indizes“. (Quelle: finanzen.net/indizes)

7.3. Ich kaufe mir die ganze Welt

Haben Sie in der vorherigen Tabelle den Eintrag „MSCI World“ entdeckt? Würden Sie einen ETF auf den sogenannten *MSCI World Index* in Ihr Depot legen, dann hätten Sie faktisch Aktien mit weltweiter Streuung eingekauft (beispielsweise über das Produkt WKN: A0HGV0). Im MSCI World Index werden ca. 1.600 große und mittelgroße Unternehmen sämtlicher Industrienationen zusammengefasst. Die Schwellenländer fehlen hier und könnten über ETFs auf den *MSCI Emerging Markets* (z. B. ISIN: IE00B0M63177) noch hinzugefügt werden.

Möchten Sie hingegen alles in einer Anlage zusammenfassen, dann ist der *MSCI All Country World Index* (kurz: MSCI ACWI) genau das Richtige für Sie. Auch hierfür gibt es passende ETF-Produkte (WKN: A1W8SB oder A1JMDF), sodass Sie Ihr Geld bequem in ca. 2.500 Unternehmen (Stand: Ende 2016) investieren können, die für derzeit ungefähr 85 % der weltweiten Marktkapitalisierung sorgen.

7.4. Zusätzliche Literatur

Wenn Sie Lust auf weitere Bücher rund um die Themen Geldanlage und Börse etc. haben, dann kann ich Ihnen die folgenden Titel zur Lektüre empfehlen. Sie sind meines Erachtens die aktuell besten Publikationen zu diesem Themengebiet:

› **Gerd Kommer, „Souverän investieren mit Indexfonds und ETFs: Wie Privatanleger das Spiel gegen die Finanzbranche gewinnen", ISBN: 978-3-59350-454-4, 371 Seiten zum Preis von 32 €**
  Gerd Kommer zeigt Ihnen in diesem Buch eindrucksvoll, wie erfolgreich die Investition in ETFs im Vergleich zu anderen Anlageformen ist. Das Buch ist nicht ganz einfach zu lesen und empfiehlt das Buy-and-hold, weil perfektes Timing schlichtweg unmöglich ist.

› **Gottfried Heller, „Der einfache Weg zum Wohlstand: Mehr verdienen, weniger riskieren und besser schlafen", ISBN: 978-3-89879-842-6, 336 Seiten zum Preis von 24,99 €**
  Gottfried Heller war Partner von Kostolany und blickt auf viele bewegte Jahrzehnte als Spekulant zurück. Diesen Erfahrungsschatz bringt er in das Buch ein. Besonders lesenswert ist Kapitel 12 mit konkreten Anlageempfehlungen in Form von ETFs etc.

› **Bodo Schäfer, „Der Weg zur finanziellen Freiheit: Die erste Million", ISBN: 978-3-42334-000-7, 320 Seiten zum Preis von 9,90 €**
  Das Buch ist ein Millionenseller, und Sie sollten es lesen, um sich von Bodo Schäfer motivieren zu lassen, Ihre Gelddinge selbst in die Hand zu nehmen. Die gerechneten Beispiele mit teilweise 20 % Rendite pro Jahr sowie den Ratschlag, Geld in Investmentfonds anzulegen, sollten Sie aber bitte unberücksichtigt lassen.

- **Uwe Lang, Klaus Haidorfer und Martin Blaschke, „Die Sparer-Fibel: Alle Tipps und Tricks, um Geld richtig anzulegen“, ISBN: 978-3-89879-873-0, 120 Seiten zum Preis von 9,99 €**
  In diesem Buch bekommen Sie wichtige Informationen zu den sogenannten Börsensignalen: Wann ist die Börse weit vorausgeeilt? Wann sind die Kurse schlichtweg zu hoch, sodass ein Ausstieg angebracht wäre? Bei welchen Kursen haben Sie die Gelegenheit, sich günstig einzudecken? Diese und weitere Informationen finden Sie in diesem schlanken Büchlein. Uwe Lang gibt übrigens einen lesenswerten Börsenbrief heraus (**boersensignale.de**), den ich sehr empfehlen kann.

- **Christian W. Röhl und Werner H. Heussinger, „Cool bleiben und Dividenden kassieren: Mit Aktien raus aus der Nullzins-Falle“, ISBN: 978-3-89879-957-7, 256 Seiten zum Preis 19,99 €**
  Dividenden schlagen Zinsen und sind eben aktuell der „bessere“ Zins. Das ist die Grundthese dieses Werkes, die mit zahlreichen praktischen Beispielen unterlegt wird.

- **André Kostolany, „Der große Kostolany: Börsenseminar – Börsenpsychologie – Die besten Geldgeschichten“, ISBN: 978-3-54836-685-2, 816 Seiten zum Preis von 14,00 €**
  Das ist sozusagen ein Lesebuch zum Thema „Aktien und Börse“. Wie alles von Kostolany ist es einfach herrlich zu lesen und enthält zahlreiche Anekdoten.

7.5. Wichtige periphere Parameter für einen Börseninvestor

Diese Informationen sollten Sie regelmäßig einholen bzw. prüfen:

- **WKN A0DMX9:** Damit erreichen Sie den Volatilitätsindex. Je höher sein Wert ist, desto turbulenter sind die Zeiten für die Aktienmärkte. Dadurch werden unsichere und schwankungsanfällige Börsen grafisch dargestellt. Problematisch ist nur, dass der Index immer aufgrund der aktuellen Situation errechnet wird und damit nicht für prophetische Weissagungen herhalten kann. Leider.

- **WKN 846744:** Das ist der DAX. „Wie?“, werden Sie nun sagen. „Der stimmt ja nicht mit dem ‚richtigen‘ DAX überein!“
  Das ist richtig – denn der „richtige“ DAX wird ja als Performance-Index inklusive der Dividendenausschüttungen berechnet. Dieser hier ist also der *DAX Kursindex* ohne Dividende. Daran sehen Sie auf einen Blick, wie es „tatsächlich“ um die großen Firmen in Deutschland bestellt ist.

- **https://www.bundesbank.de/Redaktion/DE/Standardartikel/Bundesbank/Zinssaetze/ezb_zinssatz.html:** Hier finden Sie nichts Geringeres als die aktuellen Zinssätze, die die EZB für den Geldverkehr festgelegt hat. Sie wissen ja: Je höher die Zinsen sind, desto mehr Anleger legen Ihr Geld in festverzinslichen Anlagen statt in Börsenwerten an. Dadurch sinken oftmals die Börsennotierungen. Niedrige Zinsen beflügeln die Investitionen von Unternehmen und auch von Staaten, und so kommt die Wirtschaft in Schwung, die Gewinne sprießen, die Aktienkurse steigen – so weit die Theorie.

- **Dollarkurs:** Wir Deutsche sind bekanntermaßen Exportweltmeister. Ein hoher Eurokurs wäre der Sache sehr abträglich. Wichtig ist immer das

Verhältnis zum Dollar. Ist der Euro günstig, stehen die Exportchancen gut. Ist der Euro teuer, fällt es den Unternehmen schwerer, weltweit ihre Waren und Dienstleistungen zu verkaufen. Ein hoher Dollarkurs führt übrigens auch zu hohen Ölpreisen, weil Öl ja bekanntlich in Dollar gehandelt wird. (Das berühmte 1 Barrel entspricht übrigens ca. 159 Liter). Hohe Energiekosten wiederum treiben die Inflation. Ist der Euro günstig, können EU-Staaten ihre Waren preislich attraktiv anbieten. Aber ein zu starker oder kräftiger Dollar treibt die Energiepreise und damit die Produktionskosten in die Höhe, was Unternehmen – und Verbraucher – meist gar nicht lustig finden.

Epilog

> *„Nur wer im Wohlstand lebt, lebt angenehm.“*
>
> *(Bertold Brecht, „Dreigroschenoper“)*

Wenn Sie über ein finanzielles Polster verfügen, werden Sie Handlungsspielraum haben. Sie können sich überlegen, wofür Sie das Geld ausgeben – für einen Urlaub, ein schickes Auto, ein Sabbatical, eine gute Ausbildung der Kinder, eine wohltätige Spende, ein luxuriöses Heim oder für was auch immer.

Ohne dieses Polster müssen Sie meist Chancen im Leben links liegen lassen. Sie können nicht agieren, sondern müssen reagieren. Es gibt nichts Schlimmeres, als ständig finanzielle Löcher stopfen zu müssen und kaum über die Runden zu kommen.

Mit den vielen Ideen in diesem Buch möchte ich Sie dazu motivieren, Ihre finanzielle Situation zur Chefsache zu erklären und das besser heute als morgen in Angriff zu nehmen.

Sie werden erleben, dass Geldanlage Spaß macht. Erstellen Sie einen Plan und bleiben Sie diesem Plan treu. Es wird nicht von heute auf morgen klappen. Bringen Sie Zeit mit, damit Ihr sauer verdientes und angespartes Geld die Früchte bringen kann, die Sie sich von ihm erhoffen. Verabschieden Sie sich von der Idee, durch kurzfristige und risikoreiche Spekulationen schnell reich werden zu wollen. Das haben schon viele probiert, und geht in den allermeisten Fällen schief!

Ich wünsche Ihnen persönlich alles erdenklich Gute – vor allem Gesundheit und Zufriedenheit, um das Leben in vollen Zügen genießen zu können.

Ihr Anton Ochsenkühn

PS: Es sind interessanterweise die Reichsten der Reichen, die auf dieser Welt mit ihrem Geld viel Gutes bewirken. Menschen wie Warren Buffet, Bill Gates, Mark Zuckerberg und Laurene Jobs (die Witwe von Apple-Gründer Steve Jobs) und viele mehr spenden viele Millionen für gemeinnützige Projekte (https://givingpledge.org). In diesem Sinne wünsche ich, dass Ihr Vermögen für Sie und auch für die Welt Gutes bewirken möge.

Übrigens

Zur Drucklegung des Buches konnte ich meinen 50. Geburtstag feiern. Der DAX ringt zu dieser Zeit mit der Marke von 13.000 Punkten. Anbei zum Abschluss diese kleine Tabelle:

Ochsenkühn versus DAX	
Lebensalter Anton Ochsenkühn	DAX-Stand
10	550
20	1.300
30	4.200
40	8.000
50	13.000

„Am Ende wird alles gut.
Und wenn es nicht gut ist,
ist es noch nicht das Ende.“

Oscar Wilde

Anhang

Wie bereits mehrfach im Buch erwähnt, ist die Geldanlage über ETF-Produkte eine sehr interessante Option: Die eingebaute Diversifikation sowie das einfache Monitoring und die attraktive Gebührensituation (TER – Total Expense Ratio = jährliche Gesamtkostenquote) machen ETF-Zertifikate zu einem attraktiven Investment für alle Anlegertypen. Je geringer die Kosten, desto exakter kann der ETF den Index nachbilden.
Deshalb habe ich nachfolgend in den Tabellen einige konkrete Produkte aufgelistet, sodass Sie als Anleger direkt durchstarten können.

DAX-ETF-Produkte

ETF-Bezeichnung	TER in % je Jahr	Währung	Strategie Repl.	Swap	ISIN
Comstage DAX	0,08	€	•		LU0378438732
iShares DAX	0,16	€	•		DE0005933931
Deka DAX	0,15	€	•		DE000ETFL011
db x-trackers DAX	0,09	€	•		LU0274211480
Lyxor DAX	0,15	€	•		LU0252633754

MDAX-, SDAX- bzw. TecDAX-Produkte

ETF-Bezeichnung	TER in % je Jahr	Währung	Strategie Repl.	Swap	ISIN
iShares MDAX	0,16	€	•		DE0005933923
ComStage MDAX	0,30	€	•		LU1033693638
Lyxor MDAX	0,40	€		•	FR0011857234
iShares TecDAX	0,16	€	•		DE0005933972
ComStage SDAX	0,71	€		•	LU0603942888

ETFs auf europäische Aktienwerte

ETF-Bezeichnung	TER in % je Jahr	Währung	Strategie Repl.	Swap	ISIN
ComStage MSCI Europe	0,25	€		•	LU0392494646
iShares Stoxx Europe 600	0,16	€	•		DE0002635307
Deka Euro Stoxx 50	0,15	€	•		DE000ETFL029
db x-tracker Euro Stoxx Select	0,30	€	•		LU0292095535

ETFs auf US-Aktien

ETF-Bezeichnung	TER in % je Jahr	Währung	Strategie Repl.	Swap	ISIN
iShares Dow Jones	0,16	$	•		DE0006289390
Lyxor Dow Jones	0,50	€		•	FR0007056841
Lyxor Nasdaq	0,30	€		•	FR0007063177
ComStage Nasdaq	0,25	$		•	LU0378449770
iShares S&P 500	0,07	$	•		IE00B5BMR087
db-x trackers S&P 500	0,20	$		•	LU0490618542

Weitere ETF-Produkte

ETF-Bezeichnung	TER in % je Jahr	Währung	Strategie Repl.	Swap	ISIN
iShares Nikkei	0,16	¥	•		DE000A0H08D2
ComStage Nikkei	0,25	¥		•	LU0378453376
db x-trackers Nikkei	0,16	¥	•		LU0839027447
db x-trackers MSCI World	0,3	$		•	LU0619015828
Lyxor MSCI World	0,30	€		•	FR0010315770
iShares MSCI World	0,20	$	•		IE00B4L5Y983

Das ist natürlich nur ein kleiner Auszug, der darstellen soll, dass Sie als Anleger relativ einfach an ETF-Produkten und dem Erfolg von Unternehmen in aller Welt partizipieren können.

Weitere Informationen zu ETF-Produkten finden Sie beispielsweise auf der Internetseite www.justetf.com.

Stichwortverzeichnis

U

V

W

X

Y

Z